Sensitifs

IMAGINAIRE

Note de l'éditeur

Evidence Editions a été créée dans le but de rendre accessible la lecture pour tous, à tout âge et partout. Nous accordons une grande importance à ce que chacun puisse accéder à la littérature actuelle sans barrière de handicap. C'est pourquoi nos ouvrages sont disponibles en format papier, numérique, dyslexique, malvoyant, braille et audio.

Tout notre professionnalisme est mis en œuvre pour que votre lecture soit des plus confortables.

En tant que lecteur, vous découvrirez dans nos différentes collections de la littérature jeunesse, de la littérature générale, des témoignages, des livres historiques, des livres sur la santé et le bien-être, du policier, du thriller, de la littérature de l'imaginaire, de la romance sous toutes ses formes et de la littérature érotique.

Nous proposons également des ouvrages de la vie pratique tels que : agendas, cahiers de dédicaces, Bullet journal, DIY (Do It Yourself).

Pour prolonger le plaisir de votre lecture, dans notre boutique vous trouverez des goodies à collectionner ainsi que des boxes livresques disponibles toute l'année.

Ouvrir un livre Evidence, c'est aller à la rencontre d'émotions exceptionnelles.

Celia Rig

Sensitifs

Couverture : **Maïka**

Publié dans la **Collection Imaginaire**

Dirigée par **Pauline Monsarrat**

Prologue

Un élancement atroce vrilla soudain le crâne de Simon. Il agrippa son oreiller et le mordit de toutes ses forces, tandis qu'un gémissement d'animal blessé s'échappait de sa gorge. Sur la table de nuit, son téléphone portable émit un petit bip.

— Que t'arrive-t-il ?! s'exclama sa femme, dont le livre de chevet heurta le sol avec un bruit mat.

La douleur s'estompa un peu, mais se mua en une souffrance lancinante qui palpitait comme un cœur juste derrière ses globes oculaires. Il tenta de bouger, mais chaque mouvement amplifiait sa migraine. La lumière était bien trop vive, insupportable. Un effluve nauséabond envahit ses narines, une odeur piquante, chimique, qui le poussa à inspirer par la bouche plutôt que par le nez.

Clémentine frotta le dos de son mari d'un geste maladroit, presque craintif. Le parfum désagréable s'accentua. Était-ce elle qui empestait ainsi ?

— Mais qu'est-ce qui se passe ?! Tu veux que j'appelle les pompiers ?

Sa voix montait dans les aigus. Les paupières closes pour échapper à la clarté aveuglante qui agressait ses rétines, il ne voyait pas son visage, mais devina qu'elle commençait à paniquer.

— Juste une migraine, je crois... Ça va sûrement passer..., répondit-il d'une voix faible.

Un doute affreux envahit tout à coup l'esprit de l'homme. Et si... Aussitôt, son sang se glaça. Il tenta de chasser, en vain, les craintes qui l'envahissaient à vitesse grand V. Impossible de lutter, le poison de la peur s'insinuait en lui tel un courant d'eau gelée... Le poison ! Son cœur s'emballa, et, malgré son mal de tête, il se releva d'un coup. Simon hurla aussitôt de douleur puis s'effondra comme une masse sur l'oreiller. Sa femme hurla en écho.

Il entendit Clémentine attraper quelque chose sur son chevet, puis reconnut les sons caractéristiques des touches du portable. Quand elle pressa le bouton pour lancer l'appel, un coup de poignard s'enfonça à nouveau dans son crâne.

— Non, arrête !! Éteins-le ! geignit-il.

Sa compagne sursauta, laissant échapper l'appareil qui tomba avec fracas sur le parquet. La batterie se décrocha sous le choc, ce qui mit aussitôt fin au supplice. Clémentine fixait son mari, les yeux ronds. Dans ses yeux, il vit la compréhension, l'horreur et la peur. Le reflet de ses propres émotions.

— Ne bouge pas, souffla-t-elle avant de se ruer dans l'escalier.

Son épouse dégringola les marches quatre à quatre, et sortit en trombe de la maison. Elle perdit un chausson dans sa précipitation, puis faillit se tordre la cheville en butant sur une pierre. Vêtue d'une simple chemise de nuit, indifférente au froid polaire en ce soir de janvier, la femme tambourina à la porte des voisins. Enfin, deux visages interloqués la découvrirent, à genoux sur le seuil.

— S'il vous plaît, appelez les urgences, supplia Clémentine, les yeux noyés de larmes.

Peu de temps après, la sirène de l'ambulance réveilla le quartier. Des éclairs de lumière bleue illuminèrent la nuit sans étoiles.

Le trajet fut un calvaire pour le patient, qui restait prostré sur le brancard. Chaque mouvement amplifiait sa souffrance.

À l'hôpital, le médecin, le visage empreint de compassion, confirma leurs doutes :

— Oui, vous avez attrapé le « Sensivirus ». Je suis vraiment désolé, monsieur Rocheteau...

Ainsi l'avaient nommé les médias dès le début de l'épidémie, en 2020...

Depuis l'énoncé de ce terrible diagnostic, les flashs infos des deux dernières années se télescopaient dans la tête de Simon, tourbillon d'images et de voix qui harcelait son esprit sans relâche.

— C'est un virus d'un type inédit ! s'exclame un chercheur aux yeux hallucinés face caméra. Rendez-vous compte : il transforme le corps humain en profondeur, jusqu'à le rendre hypersensible à son environnement.

Le souvenir s'évanouit pour laisser place aux gémissements d'une quarantenaire en pleine crise. Assise par terre, les jambes ramassées contre son torse et les bras autour de ses mollets, la femme se balance d'avant en arrière, le visage déformé par la douleur. En voix off, un commentateur rappelle que les malades ne supportent plus certaines fréquences d'ondes électromagnétiques, la pollution, les bruits forts, les produits chimiques, les lumières artificielles…

Des images d'exode rural à présent : de longues processions d'individus contraints de s'éloigner de la vie moderne, la source de leurs maux, dans la précipitation. Un drone survole d'immenses campements sauvages, au cœur de la nature, dans lesquels s'établissent des familles entières. Démunis et désespérés, les malades errent entre les tentes, tels des zombies.

— Quel traitement s'est révélé le plus efficace ? demande un journaliste à un homme en blouse blanche.

— Malheureusement, il n'y en a qu'un à l'heure actuelle : fuir le progrès comme la peste ! Comme vous le savez, les cas se multiplient de manière exponentielle, et nous échouons pour le moment à trouver un remède… Certaines personnes semblent être immunisées, nous étudions leur cas pour comprendre ce qui les rend résistantes au virus…

La cacophonie mentale dura un long moment. Simon, assommé, finit par s'assoupir dans son lit d'hôpital. À son réveil, il était seul dans sa chambre. L'homme se souvenait vaguement que sa femme avait été prise en charge après avoir pété les plombs.

Le contaminé examina la pièce et reconnut l'une de ces chambres calfeutrées censées le protéger des ondes. Il était vrai qu'il avait moins mal à la tête, mais sa peau s'était couverte d'urticaire, ses yeux brûlaient, avaler sa salive lui était pénible.

Pire que tout, son esprit jouait toujours à la toupie. Il se sentait comme un lapin pris dans les phares d'une auto, fasciné et paralysé par la peur à la fois. Le corps écorché vif, le cerveau K.O., il n'était plus que l'ombre de lui-même. Le malade se sentait petit et fragile, tout nu sous cette impudique blouse d'hôpital.

— Maman, où es-tu ? gémit-il d'une voix faible.

Il savait cependant que sa mère était morte depuis longtemps. Et que son épouse ne pouvait déjà pas se rassurer elle-même. Il allait devoir être fort.

— Et dire que je n'aime pas le camping...

Cette constatation absurde déclencha une crise de larmes qu'il ne put retenir. Secoué de lourds sanglots, Simon pleurait sa vie passée, ses certitudes bousculées.

Il était devenu Sensitif.

Introduction

38 ans plus tard

Un tiers des humains a subi une mutation interne aux nombreuses conséquences.

La cause ? Un virus selon les Toxis, les humains qui n'ont pas changé et que les « sensibles » considèrent comme toxiques...

Une évolution d'après les Sensis, qui vivent en harmonie avec la nature, et chérissent leur différence...

Le clivage est profond entre les deux peuples, qui ne se mélangent pas. La confrontation est pourtant inéluctable !

Chapitre 1

Forêt de Brocéliande, Ille-et-Vilaine

— Qu'est-ce que tu fais là ?

Fauve sentit les poils se hérisser sur ses avant-bras. Des yeux noirs la toisaient, sévères, presque effrayants, et néanmoins familiers. Un visage carré à la peau mate, des sourcils bruns, froncés soulignaient le mécontentement du jeune homme qui s'était relevé rapidement à son approche.

Il évoquait à Fauve un pitbull à cet instant, le corps tout en muscles et l'air patibulaire. Son estomac se contracta bien malgré elle. Même après toutes ces années, le voir aussi fermé en sa présence lui faisait toujours autant de mal.

— Rentre tes griffes, Pierre. Je cherche une dénommée Flora.

L'intéressé secoua légèrement la tête, puis s'agenouilla à nouveau au-dessus des radis, le visage baissé. Fauve ne pouvait voir son expression. À quoi pensait-il ? Contre toute apparence, était-il quand même heureux de la voir, même si cela le faisait souffrir en ravivant de mauvais souvenirs ? Ou la haïssait-il depuis leur dernière (et énième) dispute ? Malgré ses dons, elle n'arrivait pas à ressentir ses émotions. Pierre était trop fermé.

— Flora n'est pas là, répondit-il de façon abrupte.

Fauve prit son courage à deux mains, malgré le malaise qu'elle ressentait en présence de cette vieille connaissance. D'autant plus que le reste du groupe, composé d'une poignée de Sensis, ne perdait pas une miette de leur échange.

— Je le vois bien ! Sais-tu où je peux la trouver ? D'après Olive, Matis lui courait après depuis plusieurs jours. Mon frère est introuvable depuis hier soir. Alors, même si le trouver en bonne compagnie est une hypothèse hautement improbable, je me dois d'explorer la piste !

Elle avait tenté de garder un ton neutre et détaché, comme si l'attitude sèche et cassante de Pierre ne la blessait pas le moins du monde. Malheureusement, elle n'avait jamais été bonne actrice !

Pierre releva la tête pour planter son regard dans le sien. Elle crut y déceler un peu plus de chaleur, mais c'était sans doute une illusion.

— Depuis quand Olive t'adresse-t-il la parole ? s'enquit l'homme d'un ton ironique, au lieu de répondre à la question.

Fauve haussa les épaules. Dire qu'elle n'aimait pas le meilleur ami de son petit frère était un euphémisme.

— Depuis que je le menace de représailles de la part de ma mère s'il ne parle pas… Il ne garde pas de très bons souvenirs de sa dernière punition !

Pierre s'esclaffa, soudain plus détendu.

— Ah oui, la fosse à purin !

La dernière incartade du duo infernal s'était soldée par un jour de travail dans la zone de recyclage des déchets du village. Marguerite, la mère de Fauve et Matis, mais aussi le maire du village d'Argoat, ne plaisantait pas avec la discipline. Les deux amis avaient toujours refusé de commenter cette journée, mais d'après les rumeurs, leur affectation principale avait été l'aire de compostage du fumier.

Sachant que les fosses à purin étaient alimentées par des excréments humains et animaux, pas étonnant qu'ils rechignent à parler de cette expérience ! Le nez des Sensis était très sensible aux odeurs…

Malgré elle, Fauve esquissa un léger sourire à ce souvenir. Le regard de connivence que se lancèrent les anciens complices fut bref. Trop bref. Pierre se renfrogna avant d'entrer dans le vif du sujet.

— Flora n'a jamais manqué un jour de travail, on a trouvé étrange qu'elle n'ait pas prévenu.

Sa curiosité avait été piquée. Fauve le connaissait bien, il aimait mener l'enquête plus que tout.

— Elle ne travaille au potager que le samedi, et certains soirs après ses cours. Flora est mineure et vit toujours chez ses parents, je pense que le mieux est d'aller les voir pour élucider son absence, ajouta-t-il.

Il se releva, puis épousseta son pantalon beige. Son goût pour les mystères avait momentanément balayé toute animosité à l'égard de

Fauve, mais cette dernière restait méfiante. Pierre était lui-même un mystère ambulant.

Il contourna Fauve pour atteindre l'allée bordée de plants divers. Sans inviter la jeune femme à le suivre, si bien qu'elle courut presque pour le rattraper jusqu'à la sortie. Leurs vêtements en lin, mouillés de sueur, adhéraient à leur corps telle une seconde peau. Le duo émergea de la serre, une véritable étuve, avec un même soupir de soulagement. Pourtant la canicule, inhabituelle en ce mois de mai, était à peine moins écrasante que la chaleur qui régnait sous l'abri en verre.

Les coupables d'un tel dérèglement climatique ? Leurs ancêtres… et les Toxis, qui continuaient à polluer l'environnement.

Ces derniers avaient fait des efforts, certes, depuis le traité signé vingt ans auparavant : machines électriques, énergies renouvelables, la transition était bien engagée. Mais il y avait beaucoup à faire encore, et la cohabitation entre les deux peuples restait impossible. D'autant que perduraient beaucoup de rancœur et de défiances héritées du passé.

Alors qu'ils s'éloignaient en silence de la ferme des Le Borgnic, un aboiement les fit sursauter. Fauve tourna la tête vers la grande longère en pierre qui jouxtait l'imposante serre. Cette dernière luisait au soleil comme un bijou.

Le chien, un labrador noir, approcha en grognant. L'électricité générée par son agressivité envoya une décharge à Fauve, qui fut secouée d'un spasme. Les poils de ses avant-bras se hérissèrent à nouveau, symptôme physique de son aptitude à capter les émotions d'autrui.

Parfois j'ai le sentiment d'être un foutu paratonnerre, bougonna la jeune femme, de méchante humeur.

Elle le laissa néanmoins renifler sa main, geste qui rassura l'animal.

Pierre ralentit le pas avant de s'arrêter pour de bon. Fauve l'imita puis suivit son regard en direction des petites maisons en terre d'Argoat, aux toits de chaume. Certains murs penchaient dangereusement. Ils étaient le reflet de la période post-évolution, pendant laquelle les Sensis avaient construit à la hâte ces habitations bancales. L'épais feuillage des arbres de la forêt ombrageait le village, mais échouait à rafraîchir l'air, aussi épais que de la mélasse. Fauve essuya son front humide, le souffle court.

Enfin ses yeux se posèrent sur le couple qui cheminait vers eux, l'air soucieux. Fauve sentit leur angoisse, qui réveilla la sienne.

— Ah, bonjour, monsieur et madame Picot. Justement, je comptais aller vous voir, s'exclama Pierre en les rejoignant.

— Vous savez où est Flora ? questionna la femme avec espoir.

Ses longs cheveux gris encadraient un visage ovale sur lequel de fines rides d'expression, autour des yeux et de la bouche, révélaient un caractère d'ordinaire jovial. Le plus remarquable était ses yeux d'un bleu très clair, voilés néanmoins par l'inquiétude.

— J'espérais que vous pourriez me le dire..., répondit Pierre en secouant la tête.

Fauve se tordit les doigts, tandis que de sombres pensées envahissaient son esprit. Jusqu'à cet instant, elle n'avait pas cru son frère en danger. Après tout, les hypersensibles étaient presque tous inoffensifs, et leur village était un vrai havre de paix. La jeune femme imaginait Matis endormi dans les bois, sans doute après une soirée trop arrosée. L'évier qui fuyait dans sa maison était la raison pour laquelle Fauve le cherchait avec tant d'ardeur. Elle avait beau être exaspérée par l'attitude générale de son petit frère, il fallait reconnaître qu'il était un bricoleur hors pair quand il décidait de se bouger les fesses. Après tout, il n'avait pas que des défauts. Mais le poison de la peur glaçait à présent ses veines, alors qu'un traumatisme pas si ancien se rappelait à son bon souvenir. Pierre lui jeta un coup d'œil inquiet.

Il sait ce qui m'effraie... Et lui aussi craint que l'histoire se répète !

Soudain, des éclats de voix résonnèrent au loin. Tous se tournèrent en direction de ces cris qui leur parvenaient parfaitement en raison de leur ouïe très sensible. Peu après résonna le son sinistre d'une corne de brume. Le signal d'alerte. Il s'était passé quelque chose ; ils eurent aussitôt le pressentiment que c'était lié à la disparition des deux adolescents. Les quatre personnes s'élancèrent comme un seul homme vers la source du vacarme.

Chapitre 2

Pierre prit la tête, talonné par Fauve. Les parents de Flora, plus âgés, étaient un peu à la traîne, mais couraient tout de même d'une bonne foulée. La peur, sans doute, qui décuplait leurs forces. Fauve elle-même avait ressenti une bouffée d'adrénaline en pensant à son frère de seize ans à peine. Un accident peut-être ? Elle piqua un sprint, rattrapant Pierre dans sa course.

Sous le soleil de plomb, leurs pieds nus martelaient le sol terreux, dégageant des nuages de poussière brune. Les passants se dirigeaient tous vers le bruit, à plus ou moins vive allure.

Le groupe zigzaguait entre les véhicules et la foule. Une charrette autoportée à énergie solaire leur fit obstacle quelques instants. Elle avançait cahin-caha sous les huées d'une partie des passants excédés, qui ne se gênaient pas pour exprimer leur désapprobation.

Même s'ils étaient conçus selon la charte de non-toxicité, les engins électriques étaient très décriés par une grande partie de la population. Et par conséquent peu usités dans l'environnement sensi.

Fauve et le reste du groupe se glissèrent entre le véhicule et le mur d'une maison. Peu après, un cheval hennit derrière eux, aussitôt suivi par une salve de jurons. La jeune femme jeta un bref coup d'œil au cavalier, un homme à la barbe imposante, qui enguirlandait le pauvre chauffeur de la charrette électrique. L'ouïe fine de la jeune femme lui permit d'entendre la cause de cette dispute : un poulet qui avait failli finir en escalope sous les roues de l'engin.

Pas le temps pour ces conneries ! gronda-t-elle avant de reprendre sa course.

Après quelques minutes de slalom dans les ruelles sinueuses, ils parvinrent jusqu'à la place du village. Un cercle dégagé d'environ deux cents mètres de diamètre, avec en son centre une grande estrade en bois brut, gondolé et blanchi par les ans.

Sur l'estrade se tenait le maire du village, ainsi qu'un groupe de trois hommes vêtus comme des Toxis, encadrés par des policiers sensis. Autour du promontoire, une masse de villageois qui ne cessait de grandir, et une rumeur qui s'amplifiait minute après minute. Fauve et Pierre fendirent la foule, jouant des coudes pour s'approcher de l'estrade.

— Maman ! Maman ! appela la jeune femme en agitant la main.

Marguerite la repéra, mais lui fit signe de rester à sa place d'un hochement de tête sans équivoque. C'était une femme de quarante-deux ans, un peu ronde, qui portait une large robe rouge à bretelles. Ses cheveux noirs étaient coupés très court, à la garçonne, ses traits étaient francs et bien marqués.

Fauve avait hérité de ce visage « de caractère » comme l'appelait son père, mais pas de ses cheveux bruns. La crinière de la jeune femme de vingt-quatre ans, d'un beau blond vénitien, était très frisée et épaisse, presque crépue. Cette toison, qu'elle avait déjà à la naissance, était vraiment indomptable. Elle lui avait valu son prénom plutôt original, même pour des Sensis.

L'assemblée était à présent compacte et agitée. Fauve avait l'impression d'être au milieu d'un essaim d'abeilles sur le point de fondre sur leurs proies. Tous voulaient savoir pourquoi des Toxis avaient été arrêtés. Les prisonniers affichaient des mines craintives.

Ils étaient vêtus de jeans, tee-shirts imprimés, baskets en toile synthétique. Des habits que les Sensis devaient éviter de trop toucher, sous peine de développer une allergie cutanée. Les produits qui avaient été utilisés pour leur fabrication et leur lavage étaient toxiques pour eux. Ils empestaient, même à distance. Fauve eut un haut-le-cœur quand le vent lui fit parvenir les odeurs de lessive chimique et de parfum alcoolisé, qui se mêlaient à leur sueur acide.

Au sein de leur communauté, seuls des produits d'origine naturelle étaient utilisés, fabriqués selon une procédure très stricte. Les Sensis étaient reconnaissables à leurs tenues en lin, coton ou chanvre. Les coupes étaient plutôt amples et fluides, les motifs épurés, les coloris réalisés grâce à des teintures végétales.

Marguerite redressa son porte-voix pour s'adresser à la population massée devant l'estrade.

— Aujourd'hui, cinq adolescents du village ont disparu, dont mon propre fils, Matis. Les trois individus que voici ont été repérés et arrêtés sur notre territoire il y a quelques minutes. Ils n'ont pas d'autorisation et sont en possession de caméras numériques, matériel qui, comme vous le savez, est susceptible de nous porter atteinte quand il est en fonctionnement.

Cinq disparitions, et non deux ? Fauve et Pierre échangèrent un regard inquiet. Des grondements désapprobateurs s'élevèrent de la foule. Les intrus étaient très mal tolérés dans les périmètres attribués aux Sensis. Ils étaient source de problèmes.

Ils souhaitaient souvent espionner leur mode de vie, resté assez mystérieux pour eux, et trimbalaient des engins potentiellement nocifs pour les Sensis. Il y avait aussi parfois des personnes vraiment mal intentionnées, qui désiraient leur faire du mal. Il y avait eu des précédents qui avaient rendu leur peuple très intolérant envers les indésirables.

— Nous pensons que leur présence est peut-être liée à la disparition de nos jeunes. Nous allons donc les interroger, continua le maire, sous les huées et sifflements des villageois.

L'un des trois hommes remua à ces propos, puis avança d'un pas.

— Nous n'avons rien fait ! s'écria-t-il. Nous sommes juste des journalistes ! D'accord, nous sommes ici sans autorisation, nous n'aurions pas dû... mais nous ne sommes pas des kidnappeurs !

— Et qu'est-ce qui nous le prouve ? demanda la mère de Fauve d'un ton cassant.

Un lourd silence tomba comme une chape de plomb sur l'assemblée, écrasant le petit homme replet au crâne dégarni, rougi par l'astre brûlant. Il hésita à parler, soudain inquiet. Tout le monde attendait sa réponse.

— L'une de nos vidéos, affirma-t-il d'une voix un peu tremblante.

— C'est-à-dire ?

— C'est sur la vidéo... Je peux vous la montrer... Enfin, peut-être pas, je ne sais pas..., hésita-t-il.

— Accouchez ! Que montre cette vidéo ? s'emporta Marguerite.

— Eh bien... si je ne me trompe pas, nous savons ce qui est arrivé à vos enfants ! Nous l'avons même filmé !

Chapitre 3

Assise en tailleur à même le sol, Fauve n'y tenait plus. Tel un diable à ressort enfermé dans sa boîte, la jeune femme avait un mal fou à rester immobile. Elle était également assoiffée.

J'aurais dû prendre le temps de m'abreuver à la fontaine avant de rejoindre le temple...

Autour de la jeune femme, une vingtaine de volontaires s'étaient installés dans la même position. Il y avait les parents de Flora, le maire, mais aussi et surtout Pierre.

À sa grande surprise, il s'était proposé pour endurer le visionnage de la vidéo.

— C'est par masochisme que tu es là ? l'agressa Fauve, qui luttait pour se relaxer en sa présence.

Il haussa les épaules avec une nonchalance feinte.

— Je suis curieux, c'est tout.

Bien sûr, il n'est pas resté pour me soutenir !

Fauve souffla avec force. Il fallait qu'elle se détende pour entrer en méditation. C'était presque mission impossible, mais elle devait faire un effort. Pour son frère.

Aucun élément de décoration dans le temple, juste la terre battue, les pierres murales, la pénombre et le silence. De fins rayons de lumière filtraient des rares persiennes situées en hauteur. Le bâtiment, rectangulaire, était semi-enterré ; l'air frais sentait la poussière et le renfermé, comme dans une cave.

Fauve adorait cette odeur. Malgré cet avantage certain, le temple était loin d'être son lieu de recueillement favori. Ce lieu lui rappelait trop la cérémonie d'enterrement de son père, décédé lorsqu'elle était âgée de neuf ans. Son corps, dépouillé de tout vêtement et accessoire, avait été enseveli au pied d'un grand châtaignier, non loin du village. Fauve avait presque oublié le visage de son père au fil des ans, d'autant plus qu'ils ne possédaient aucune photo, juste des portraits dessinés. Mais elle se rappelait encore le son de sa voix, chaude et rassurante.

Quand ses souvenirs devenaient trop douloureux, Fauve avait deux tactiques : courir, ou manger. La course faisait l'affaire quand elle n'était pas trop déprimée. De plus, c'était un exutoire sain, qui lui permettrait de conserver une silhouette harmonieuse. En revanche, quand elle était vraiment au fond du trou, il lui arrivait d'engloutir des quantités astronomiques d'aliments, jusqu'à parfois en vomir. Un passe-temps beaucoup moins avouable. La seule personne au courant de cette faiblesse était Lila, sa meilleure amie.

Le chocolat avait sa prédilection, même si cette douceur était fabriquée selon des procédés toxis, non contrôlés par les Sensis, donc potentiellement toxique pour elle. En outre, les fèves de cacao avaient été transportées depuis l'Afrique ou l'Amérique latine par avion ou cargo, générant ainsi de la pollution.

Mais qu'importe ! Fauve s'en fichait, pourvu qu'elle puisse sentir le chocolat fondant tapisser de velours son palais, emplir son ventre, et finalement apaiser ses angoisses. Est-ce qu'un drogué en manque s'inquiète de la façon dont est fabriquée la substance qui le transporte au nirvana ?

Elle jeta un coup d'œil furtif à Pierre. Il avait déjà les yeux fermés. L'homme semblait serein, un état inhabituel que Fauve avait rarement vu. En tout cas, depuis l'incident...

La jeune femme chassa ses pensées parasites, se concentrant sur l'exercice de relaxation qu'elle pratiquait de manière quotidienne depuis l'enfance. C'était une nécessité devenue un véritable art de vivre chez les Sensis, un moyen de se recentrer sur l'essentiel et de contrôler ce que leurs sens exacerbés captaient sans cesse. L'ouïe, l'odorat, la vue, le toucher (dans une moindre mesure) étaient hyper développés chez eux.

Un avantage qui était en réalité un handicap la plupart du temps ; surtout dans la vie moderne. Tout n'était qu'agression pour eux dans l'environnement urbain.

Par ailleurs, un sixième sens s'était révélé chez les Sensis, peut-être latent chez tous les humains avant l'évolution. Au fil des années, ils avaient découvert que les émotions, les pensées des autres, pouvaient aussi provoquer des réactions physiques chez certains d'entre eux. Quelques Sensis captaient certaines pensées à la volée, ressentaient la joie ou la tristesse de leurs semblables et de certains animaux, dans leur propre chair. Fauve avait cette faculté.

C'était un secret jalousement gardé par les Sensis. Ils gardaient un très mauvais souvenir des expériences menées jadis par les Toxis, ce qui les poussait à garder pour eux les découvertes qu'ils avaient faites depuis la période de l'évolution.

Dans leur environnement actuel, les Sensis étaient peu gênés par leur hypersensibilité. Cependant, il arrivait qu'ils soient agressés par l'intrusion de Toxis dans leur zone. Un entraînement régulier était aussi une protection par anticipation, au cas où l'un d'eux aurait été amené un jour à affronter le monde urbain. La méditation s'était révélée idéale pour canaliser (du moins en partie) les stimuli qui les agressaient.

Fauve se concentra sur sa respiration. Elle commença par visualiser ses doigts de pieds, imaginant que l'énergie négative remontait vers sa gorge quand elle inspirait, puis s'évacuait par sa bouche quand elle expirait. Petit à petit, membre après membre, elle répéta l'exercice. Arrivée aux épaules, elle sentit que son corps réagissait : il semblait peser plus lourd, s'enfoncer dans le sol comme dans un tapis duveteux. Ses oreilles se mirent à bourdonner, un calme intense envahit la salle. Les yeux ouverts, elle regardait droit devant, attendant la suite.

Le maître yogi du temple, Fabien, s'avança pour se planter face à eux, suivi par le Toxi bedonnant à la calvitie prononcée, lui-même encadré par deux gardes. L'homme tenait sa petite caméra numérique à la main. Le reste du groupe le fixait. Malgré la transe dans laquelle ils se trouvaient tous, Fauve sentait une certaine tension flotter. Comme elle, ils craignaient la douleur, mais aussi le contenu de cette fameuse vidéo. Qu'allaient-ils découvrir ?

— Allez-y, le groupe est prêt à visionner votre vidéo. Nous espérons que ça vaut le coup, lança d'un ton légèrement menaçant Fabien avant de s'asseoir au premier rang.

Fauve se fit la remarque qu'il n'allait peut-être pas avoir le temps d'entrer en méditation avant la projection du film. Il devait néanmoins savoir ce qu'il faisait.

Stressé, l'homme Toxi remua son appareil qui faillit glisser de ses doigts boudinés, que Fauve devinait moites. Il appuya sur des boutons, déplia une partie de la caméra qui s'alluma en bourdonnant. Les ondes électromagnétiques de la machine atteignirent les cerveaux des Sensis, dont les corps se tendirent pour parer l'attaque. Le Toxi tourna le dos à l'assistance.

Sur le mur en chaux blanc qui lui faisait à présent face, une image se projeta soudain. Il n'y eut pas de sursaut ou de cri de surprise dans le public. D'une part, grâce à la transe qui les mettait tous dans un état second, d'autre part, parce que tous leurs efforts se concentraient sur la maîtrise de la douleur.

Fauve se massa les tempes tandis que le film commençait.

Chapitre 4

— Chut, j'entends des voix ! murmura l'un des trois Toxis capturés, un grand barbu au regard halluciné.

L'homme se baissa, puis contourna les pierres de schiste que Fauve reconnut immédiatement. Ils se trouvaient au niveau de l'anfractuosité rocheuse surnommée le siège de Merlin, sur la crête du Val sans retour. Un lieu légendaire, car selon les récits, l'enchanteur aimait venir y méditer le soir venu.

L'endroit était exposé, si bien que le groupe fila vers la végétation pour se cacher. Le troisième Toxi, un jeune homme blond et athlétique, plongea derrière un bosquet. L'image oscillait de haut en bas, et de gauche à droite, ce qui donna un peu la nausée à Fauve.

Par déduction, le caméraman était donc le petit gros dont on entendait le souffle haletant. Il rejoignit ses compères derrière l'imposant buisson, puis positionna l'objectif de sa caméra entre les feuilles.

À une dizaine de mètres de là, un groupe émergeait de la forêt, silencieux. À sa tête, quatre hommes aux tenues en matières synthétiques, des joggings d'après ce qu'en savait Fauve. Toxis, donc.

Une exclamation générale dans le temple accueillit la découverte du reste de la troupe : il s'agissait des cinq adolescents sensis disparus depuis la veille.

Le visage fermé, ils marchaient derrière les Toxis.

Une forte émotion s'empara de Fauve à la vue de Matis, suivie aussitôt par une onde de douleur, aussi piquante qu'un millier d'aiguilles s'abattant sur son cerveau. Elle était sortie de transe.

Peu après son décrochage, la jeune femme capta une réaction encore plus violente que la sienne parmi le groupe, un ressenti qui ne perdura pas. Un simple frisson provoqué pourtant, elle en était certaine, par l'émotion d'une tierce personne. Quelqu'un qui avait ressenti de la peur, de la panique même... Le Toxi ? Non, ce n'était pas lui... Fauve était certaine que la source se trouvait derrière elle, dans l'assistance.

Elle balaya les volontaires du regard, sans trouver sa cible. Son mal de crâne empirait. Elle y réfléchirait plus tard, sa priorité était de regarder la vidéo.

Fauve inspira une grande bouffée d'air afin de tenter de se détendre pour supporter le reste du film.

— Eh, t'as vu leurs habits ?! Putain, c'est des Sensis, Jo ! Tu filmes, hein ?! chuchota le barbu d'un ton excité, tandis que le dénommé Jo zoomait sur le visage des enfants.

— Ouais, ouais, ta gueule, Mich ! Tu vas nous faire repérer..., gronda le caméraman.

Sans un mot, la bande s'éloigna pour descendre la colline d'un bon pas. Les Toxis avaient l'air nerveux, Fauve les vit jeter quelques coups d'œil circulaires. Sans doute craignaient-ils d'être repérés.

En revanche, l'attitude des adolescents était difficilement déchiffrable. Il y avait deux filles, trois garçons. Tous avaient à peu près le même âge. Certains avaient l'air déterminés, d'autres semblaient vaguement tristes. Aucun ne paraissait en colère, ou paniqué.

Fauve se concentra sur son frère. Il avait toujours eu du mal à cacher ses sentiments à sa sœur « extra-lucide », mais là, elle n'arrivait pas à deviner son état d'esprit. C'était un jeune homme élancé, aux cheveux blonds, bouclés comme ceux de Fauve. Ses yeux brun foncé lui donnaient un regard profond qui, selon Fauve, ne reflétait pas sa véritable personnalité.

Elle le trouvait nonchalant et je-m'en-foutiste, mais aussi souvent drôle et astucieux. Bref, il était le frère qu'elle adorait détester. Et maintenant, il n'était plus là, enlevé par des Toxis pour Dieu sait quelle raison.

Quelques minutes après la disparition du groupe, l'image sautilla à nouveau, car le trio sortait de la cachette pour suivre sa cible. Alors que les hommes descendaient la crête, la caméra s'écrasa brusquement contre le sol, offrant au public un gros plan fixe sur la terre émaillée de cailloux gris.

— Merde ! s'écria quelqu'un, sûrement Jo.

— Eh ! Fais attention, gros lard ! fulmina la voix de Mich. Tu veux nous faire repérer en gueulant comme ça ?!

— Mais je me suis fait ma..., commença le caméraman avant de s'arrêter net.

L'image décolla à nouveau quand Jo se mit à courir. Les arbres se balançaient de haut en bas sur l'écran projeté. On distinguait les deux autres sprinter à ses côtés.

— Éteignez ça ! hurla une voix hors champ.

Des bruits de frottement, des chocs, des grognements. Tout était devenu flou, des formes sombres s'entremêlaient, se croisaient, se percutaient. Cela ressemblait presque à une danse.

— Putain, putain..., furent les dernières paroles entendues par l'assistance avant que la vidéo fût coupée.

Chapitre 5

Le public resta un instant silencieux, encore sous le choc. Même la poussière semblait suspendue dans l'air, figée dans les fins rayons de lumière blanche qui s'échappaient des persiennes. Puis quelqu'un se leva. Fauve reconnut la mère de Flora.

— Que s'est-il passé ensuite ? Où sont-ils allés ? s'emporta la femme en agitant les bras avec frénésie.

Sa voix montait dans les aiguës, ses yeux délavés étaient exorbités. Son mari se leva à son tour pour la calmer, mais il eut du mal à retenir les gesticulations de sa compagne.

Tous les visages se tournèrent vers le Toxi caméraman. Son visage était écarlate.

— Putain, je n'en sais rien ! s'exclama Jo. Vos gardes nous ont arrêtés, sans se rendre compte qu'ils se trompaient de cibles ! Regardez ça ! Ils n'y sont pas allés de main morte !

Il montra ses écorchures aux coudes et aux genoux, geignant comme un enfant sous les regards méprisants des Sensis, qui s'étaient tous relevés. Les gardes s'emparèrent de l'homme, puis le guidèrent vers la sortie du temple, sous les huées. Fauve chercha sa mère du regard, sans la trouver.

Elle était sonnée. Des vagues de douleur lui labouraient encore le cerveau. Elle avait l'impression que ses yeux s'étaient enfoncés dans leurs orbites, et sa gorge était comme parcheminée.

Des mains agrippèrent ses épaules avec douceur.

— Fauve, je suis vraiment désolé pour ton frère...

Pierre avait une voix et un regard d'une tendresse, d'une douceur inattendue. Sans réfléchir, Fauve se tourna pour l'enlacer. Il ne la repoussa pas, au contraire, la serra fort. Fauve posa sa tête sur son épaule. Son odeur boisée lui rappelait tellement de souvenirs.

Certains étaient agréables, mais d'autres lui tordaient encore l'estomac, même après deux longues années de séparation, entrecoupées de quelques retours de flammes pathétiques. Leur histoire d'amour avait été le dommage collatéral d'un atroce événement qui avait changé Pierre à tout jamais. La jeune femme était émue, triste, nostalgique et désorientée à la fois en se remémorant leur relation brisée.

Un cocktail d'émotions déconcertant, mais qui n'était rien comparé à l'explosion sensorielle qui lui arracha soudain un violent frisson et provoqua une brusque montée d'adrénaline. Sa peau se couvrit de chair de poule, ce qui aiguilla Fauve sur la cause d'un tel raz-de-marée. Elle se dégagea brutalement des bras de Pierre pour chercher la personne qui était en panique totale à cet instant précis. Il était hors de question qu'elle ne l'identifie pas cette fois. Fauve repéra de dos un homme chevelu qui bousculait les autres pour sortir au plus vite du temple.

C'est lui, sans aucun doute, lui souffla son instinct. *Il sait quelque chose !*

— Qu'est-ce qui t'arrive ? demanda Pierre, interloqué. Fauve !

Mais cette dernière s'était déjà lancée à la poursuite de l'homme. Elle se fraya un passage en louvoyant entre les gens, joua des coudes quand le besoin s'en fît sentir. Fauve ne quittait pas des yeux les cheveux blond filasse du fuyard, persuadée que l'atteindre était essentiel. Il savait quelque chose, elle en était convaincue.

C'était la même personne qui avait ressenti de la peur pendant le visionnage du film. Une peur trop intense pour être honnête, de l'avis de Fauve. Un goulot d'étranglement au niveau de la porte de sortie lui fit brièvement perdre de vue sa cible. La jeune femme fonça dans le tas sans se préoccuper des exclamations de colère autour d'elle.

Une fois dehors, le soleil l'aveugla un bref instant. Elle cligna des yeux, puis chercha la tête blonde parmi la foule qui entourait le temple. Désespérée, elle crut un instant l'avoir perdue, mais la repéra à une dizaine de mètres. Fauve s'élança.

Tel un épais manteau de laine, la chaleur l'enveloppait à nouveau, alourdissant ses pas, et accentuant sa soif. Elle n'avait pas le temps de boire, sa gorge desséchée attendrait encore un peu.

Ses mollets protestaient aussi, mais elle ignora leurs plaintes malgré le risque de crampes. Elle y était presque. L'homme traversait la grande place en courant. Heureusement pour Fauve, ce n'était pas un grand athlète, elle le rattrapa donc assez vite.

Arrivée à sa hauteur, elle lui toucha le dos.

— Hé, attends ! l'interpella-t-elle, haletant comme un phoque à l'agonie.

Il eut un sursaut de surprise, puis fit volte-face. Fauve fronça les sourcils en découvrant le visage de son dealer de chocolat.

Chapitre 6

— Qu'est-ce que tu veux, Fauve ? s'exclama le dealer d'un ton excédé.

Mathieu, dit Biz, était un homme d'une trentaine d'années, ni grand ni petit, avec un corps et un visage banal, hormis son nez un peu crochu. Il arborait de longs cheveux à l'origine blonds, mais si gras qu'ils paraissaient plus foncés.

C'était un demi-Sensi, ce qui signifiait qu'il n'était pas hypersensible comme le reste de la tribu, bien qu'il soit né de parents sensis. Il n'avait pas développé les caractéristiques propres à leur peuple, comme cela arrivait parfois. Le virus était cependant presque toujours transmis *in utero*. Il se propageait également par les fluides corporels, ce qui expliquait en partie les contacts limités entre les deux populations.

Seules les personnes ayant déjà été confrontées au Sensivirus, ainsi que les têtes brûlées qui n'avaient pas peur de l'attraper, osaient s'approcher des villages sensis. La réciproque n'arrivait jamais ou presque : les rares Sensis qui avaient eu le courage ou l'inconscience de pénétrer les territoires toxiques avaient été vite repérés et expulsés, le plus souvent assez brutalement. Les Toxis ne plaisantaient pas avec leur sécurité.

Seuls les « Demis » pouvaient vivre au village, du moment qu'ils respectaient les règles. Ce n'était pas le cas de Biz, qui avait depuis longtemps tiré parti de son immunité pour lancer son petit commerce illégal.

Il servait d'intermédiaire entre les Toxis désireux de vendre leurs marchandises, et les Sensis amateurs de produits interdits. Ce business était plutôt juteux, si l'on en croyait la taille de la maison de Mathieu. C'était son seul signe extérieur de richesse. L'usage de la monnaie était aboli chez eux, tous les échanges se faisaient par troc.

La jeune femme soupçonnait Biz de vendre un certain nombre de marchandises à des amateurs d'artisanat sensi, sous couvert de son statut d'intermédiaire officiel. Il n'avait jamais été inquiété, au grand étonnement de Fauve. Peut-être bénéficiait-il de la protection de certaines personnes influentes.

En tout cas, ça m'étonnerait que ma mère soit l'une de ses clientes ! se dit Fauve en se rappelant les propos très durs de Marguerite envers les personnes qui ne respectaient pas la loi. D'un côté, elle trouvait ce jugement excessif, mais de l'autre, elle admirait sa mère pour sa droiture. Des sentiments ambivalents qui caractérisaient leur relation conflictuelle.

— Bon alors ? s'impatienta Biz. Je n'ai pas de tablettes de chocolat à te vendre, si c'est ce que tu cherches !

Le trafic de chocolat s'effectuait en effet sous le manteau. Chez les Sensis, c'était plus grave que de fumer du cannabis. Le haschisch était une drogue, mais naturelle. Que son frère Matis fume à longueur de temps, ça préoccupait sa mère, mais pas tellement les autorités. En revanche, si le trafic de chocolat était découvert, Fauve et surtout Biz pouvaient avoir de sérieux ennuis.

— Ce que je veux savoir, c'est où est mon frère ! Tu n'aurais pas une idée de ce qui lui est arrivé, par hasard ? demanda-t-elle d'une voix soupçonneuse.

Fauve ouvrit grand ses chakras, pour tenter de sonder les émotions de son interlocuteur. Il semblait tout à coup très gêné. La jeune Sensie se gratta le bras. Ces démangeaisons soudaines étaient le reflet du malaise de son interlocuteur.

— Non, je ne sais pas, comment je le saurais ? répondit-il d'une voix mal assurée.

Son regard déviait à gauche, signe de mensonge selon ce que lui avait enseigné son père quand elle était enfant.

— Tu sais que j'ai certains dons, n'est-ce pas ? Tout le monde sait tout sur tout le monde ici...

Il se balança sur ses pieds avec nervosité.

— Écoute, il faut que j'y aille...

Il pivota pour tenter de lui fausser compagnie. Fauve lui attrapa le bras, puis planta son regard dans le sien.

— Je me fiche de tes petites affaires, Biz, tu m'entends ? Si tu trempes dans des trucs louches avec des Toxis pas nets, je n'en ai rien à foutre ! Mais tu vas me dire ce que tu sais, sinon je n'aurai aucun scrupule à te dénoncer à ma mère, OK ?

Biz se dégagea et secoua la tête. Fauve n'avait pas la réputation d'être quelqu'un de particulièrement calme, son attitude agressive le surprit néanmoins. Après quelques instants de stupeur, il se reprit et croisa les bras en plissant ses petits yeux de fouine.

— Tu ne le feras pas. Tu aurais trop peur de ce qu'elle pourrait dire si elle apprenait que sa fille chérie viole la loi pour obtenir des produits illicites. Mais je vais te dire ce que je sais, parce que Matis est un petit gars que j'aime bien, il ne mérite pas ce qui lui arrive. Ces Toxis sur la vidéo, figure-toi que j'en connais un...

— Lequel ? Le caméraman ?

— Non, l'un des kidnappeurs, qui est aussi mon contact à Rennes. Grande gueule, dur en affaire... Un vrai connard, si tu veux mon avis !

— Je me contrefous de ton avis, Biz. Pourquoi a-t-il enlevé des Sensis ?

— Ah ça ! J'aimerais bien le savoir ! s'emporta-t-il soudain. Je sentais bien qu'il me cachait quelque chose, ces derniers temps. Surtout quand il...

— Fauve ! Ah, enfin je te trouve ! Qu'est-ce que tu fais ? s'exclama une voix dans le dos de la jeune fille.

C'était Pierre qui arrivait comme un cheveu sur la soupe. Le dealer en profita pour s'esquiver. Fauve se retourna vers Pierre pour lui jeter son regard le plus noir.

— Bravo ! Tu as tout gâché, cracha-t-elle d'un ton cinglant.

Elle le planta là sans plus d'explications. De retour chez elle, Fauve fixa un long moment le seau en métal qui débordait sous l'évier de sa cuisine. Une énorme flaque grossissait sur le carrelage en terre cuite. Son frère aurait réparé la tuyauterie en ronchonnant, comme il le faisait tout le temps, même s'il ne pouvait pas cacher bien longtemps le plaisir qu'il éprouvait à bricoler. Le petit sourire béat qu'il arborait le trahissait inexorablement. À présent, il n'était plus là…

Le silence glacial lui donna le frisson, malgré la chaleur caniculaire. Puis le chagrin lui tomba dessus d'un coup, tel un coup de massue, provoquant une crise de larmes comme elle n'en avait pas eu depuis longtemps. D'abord son père, désormais son frère… La différence était que, sauf preuve du contraire, son frère n'était pas mort. Cette pensée la rasséréna un peu.

Pleurer sembla avoir asséché encore plus sa gorge. Sur la table, elle se saisit du pichet d'eau et but sans s'arrêter jusqu'à la dernière goutte. Cela lui remit un peu les idées en place. Son estomac se crispa néanmoins douloureusement. Le vide demandait à être comblé. Le regard de Fauve se porta sur le placard de la honte, qui renfermait, cachée derrière des bocaux de fruits, sa dernière tablette (entamée) de chocolat au lait. Elle engloutit les derniers carrés goulûment. Malheureusement, elle n'obtint pas l'effet escompté. Il en restait sans doute trop peu.

Biz était-il sérieux quand il a dit qu'il n'en avait plus en stock ?

Fauve secoua la tête, dégoûtée par son addiction maladive.

Chapitre 7

Sa discussion avec Biz avait été très intéressante, mais l'intervention de Pierre avait stoppé net ses confessions. De nombreuses questions restaient sans réponse, Fauve brûlait d'interroger à nouveau le dealer.

Je suis sûre qu'il a encore des choses à dire, se dit-elle. *Je vais aller chez lui pour le cuisiner, ce coup-ci, il ne pourra pas s'échapper !*

Mais cet interrogatoire devrait attendre quelques minutes, car elle éprouvait le besoin impérieux de se laver, de nettoyer son corps et son âme des dernières épreuves. C'était une envie presque aussi forte que sa faim de chocolat.

L'eau de pluie, chauffée par géothermie, élimina la crasse et la sueur qui recouvraient sa peau. Une fois sa douche terminée, Fauve examina son corps quelques instants dans le grand miroir accroché au mur de la salle de bains. Elle avait hérité des formes plantureuses de sa mère, mais ses activités sportives avaient affûté sa silhouette. Pas suffisamment selon Fauve, qui lorgnait ses cuisses jugées trop fortes. Son atout principal, selon elle, était son regard. Des yeux vert émeraude, en amande, bordés de longs cils de biche. Sa peau était quant à elle plutôt bronzée, parsemée d'une multitude de taches de rousseur. Avant, Pierre s'amusait à les compter, il les trouvait craquantes. Tout était alors très différent entre eux. Elle secoua la tête.

Tu t'égares, ma petite ! se réprimanda-t-elle.

Alors qu'elle s'enveloppait d'une serviette en coton, elle entendit frapper à la porte. Encore trempée, la jeune femme courut jusqu'à l'entrée. C'était peut-être important.

Un visage familier apparut.

— Ah, tu es là ! Mais ! Ton frère vient d'être enlevé, et toi, tu te pomponnes ! remarqua sa mère en fronçant les sourcils.

Fauve aurait bien aimé trouver une répartie cinglante, mais comme souvent, les remarques acerbes de sa mère lui coupaient l'herbe sous le pied.

— J'en avais vraiment besoin ! marmonna-t-elle en se tournant pour se diriger vers le salon, suivie par sa mère.

— Je t'ai cherchée, tout à l'heure, dans le temple, ajouta Fauve d'une voix accusatrice, dans le but de tourner la discussion à son avantage.

Fauve s'assit sur le canapé, Marguerite, sur l'un des deux fauteuils élimés. Le salon était meublé de bric et de broc, à la manière sensie.

— Ah oui ? Eh bien, j'étais dans le temple. Du moins, au début...

Sa mère semblait agacée, son regard fuyait.

— Comment ça, au début ?

— Oh, ne fais pas l'étonnée ! Tu sais bien que depuis quelque temps, je supporte très mal les ondes de ces satanés appareils ! Tu verras quand tu auras mon âge !

— Donc, tu n'as pas vu la vidéo ? Tu n'as pas vu Matis ?

— Je n'ai pas besoin de voir mon fils en vidéo, merci, je sais à quoi il ressemble ! Et puis Bastien m'a tout raconté ! s'emporta Marguerite.

Fauve se frotta les avant-bras. Sa peau la tiraillait soudain, asséchée par la culpabilité de sa mère. Avec sadisme, sa fille s'en félicita.

— Heureusement qu'il est là, super Bastien, commenta sarcastiquement Fauve.

— Oui, parfaitement, heureusement qu'il est là ! Tu devrais vraiment faire un effort avec lui, c'est un homme formidable !

— Ouais ! Tu disais ça de Morgan aussi...

— Qu'est-ce que tu insinues ? J'ai déjà assez de choses à gérer pour devoir en plus répondre à des gamineries ! s'exclama sa mère en agitant la main comme pour chasser un moustique.

Fauve ne répondit pas, vexée.

— Si je suis venue te voir, c'est pour vérifier que ça va, poursuivit-elle d'une voix plus douce. Ça n'a pas été trop dur dans le temple ?

— Tu es sûre que ça t'intéresse ?

Sa mère leva les yeux au ciel.

— Il faudrait penser à sortir de l'adolescence, j'ai l'impression que tu as toujours quinze ans, pas vingt-quatre !

— Et moi, j'ai l'impression que tu ne comprendras jamais... que tu ne ME comprendras jamais ! s'emporta Fauve avec des sanglots dans la gorge.

Marguerite parut le remarquer, ses traits s'adoucirent.

— Écoute, je me doute que ce n'est pas facile pour toi. Si tu veux venir dîner à la maison tout à l'heure, n'hésite pas.

— Tu ne lances pas une expédition dès ce soir pour retrouver Matis ? s'étonna Fauve.

— Ne sois pas ridicule, une expédition, ça se prépare ! Nous réunissons le conseil ce soir, à vingt et une heures, pour décider de l'action à mener pour retrouver les disparus.

— Je peux venir ?

— Tu ne fais pas partie du conseil, à ce que je sache...

Fauve soupira.

— Et si je savais quelque chose qui peut vous aider ? avança Fauve d'un ton provocant.

Sa mère plissa les yeux, ce qui durcissait son visage déjà sévère.

— C'est-à-dire ? Que sais-tu ?

— Je sais que les kidnappeurs viennent de Rennes, répondit la jeune femme.

— Ah ? Et d'où te vient cette information ? s'enquit Marguerite, les bras croisés.

— Je ne peux pas te le dire... mais je pense que c'est une information sérieuse.

Marguerite expira bruyamment.

— Je ne demande qu'à te croire, mais si tu ne me dis pas qui est ta source, j'ai bien peur que le conseil ne prenne pas ça au sérieux, se lamenta sa mère.

Fauve hésita. Elle se fichait du sort de Biz, et que valait une réprimande de sa mère face à une chance de retrouver son frère ? Néanmoins, si les policiers interrogeaient Biz à sa place, elle n'était pas sûre qu'il parlerait. Alors qu'elle pensait être en mesure de lui soutirer des aveux plus poussés. Elle s'y était mal prise à la sortie du temple, en l'agressant de la sorte. D'ordinaire, elle savait que le dealer n'était pas insensible à ses charmes. Elle n'avait qu'à utiliser cette faiblesse pour le convaincre. Le jeu en valait la chandelle.

— Je ne peux pas pour l'instant, répondit Fauve. Désolée.

— Bon. J'espère que tu vas vite changer d'avis. De toute façon, Rennes est la grande ville la plus proche, elle fera évidemment partie du périmètre à cibler... On mange à dix-neuf heures, ça me ferait plaisir que tu te joignes à nous. Je n'aime pas te savoir seule chez toi dans un moment aussi critique.

Marguerite se leva, puis épousseta sa longue robe qui camouflait ses rondeurs.

— OK, je vais y réfléchir, marmonna Fauve en l'imitant. Au fait, vous avez fait quoi des journalistes Toxis ?

Le maire haussa les épaules.

— À ton avis ? On ne les a pas guillotinés ! Après avoir détruit leur caméra pour qu'ils comprennent la leçon, les gardes les ont relâchés à la lisière de la forêt. Ils trouveront sans doute un bon samaritain pour les ramener chez eux...

Fauve accompagna Marguerite jusqu'à la porte. Sa mère lui lança un dernier regard avant de tourner les talons. L'épiderme prêt à se fendiller de la jeune Sensie l'alerta sur son état émotionnel, mélange de regrets et de culpabilité...

Fauve referma la porte, remuée par cette conversation animée. Elle s'en voulait pour son comportement excessif. Quand elle était face à sa mère, son esprit logique semblait se faire la malle, ses émotions prenaient trop souvent le dessus.

Mais pas le temps pour les remords, elle devait agir. Fauve avait déjà perdu trop de temps. La jeune fille se dépêcha d'enfiler une robe en lin beige qui soulignait avantageusement ses formes, puis tenta de dompter sa crinière cuivrée avec un gros peigne en corne. Peine perdue !

Elle claqua la porte de la maison, puis avança au pas de course en direction de la demeure de Biz. Le trajet ne fut pas très long, mais elle apprécia de sentir ses muscles se tendre et se relâcher à intervalles rapides. Le contact de ses pieds nus sur la terre ferme, le léger vent qui la rafraîchissait, elle adorait ces sensations !

— Il ne faut quand même pas que je transpire trop, se dit Fauve en ralentissant. Sinon, mon opération séduction ne va pas fonctionner !

Arrivée devant la maison de Biz, elle frappa. Une fois, deux fois. Martela le bois avec son poing. Rien. La jeune femme colla son oreille contre la porte. Silence total. Puis elle tenta d'apercevoir quelque chose à travers les fenêtres, mais à part un capharnaüm sans nom, il n'y avait âme qui vive à l'intérieur.

— Mais où est-il passé ?

Fauve commençait à regretter de ne pas avoir davantage retenu Biz devant le temple.

Chapitre 8

Alors que Fauve s'apprêtait à faire demi-tour pour chercher Biz dans le village, une détonation la fit sursauter. Jamais elle n'avait entendu pareil son. Bref, mais puissant. La jeune femme tourna la tête en direction de la forêt. Si son ouïe ne la trahissait pas, la source du bruit était proche, à quelques centaines de mètres de l'endroit où elle se trouvait.

Des villageois s'approchèrent. Apeurés, ils n'osaient pas pénétrer dans les bois.

— On aurait dit un coup de feu, dit un homme.

Plusieurs personnes acquiescèrent, surtout des personnes assez âgées pour avoir déjà entendu le tir d'une arme à feu. Les plus jeunes, comme Fauve, n'en avaient jamais eu l'expérience.

— Il faut aller voir, peut-être que quelqu'un est en danger ! s'exclama une femme qui semblait sortir de son lit, les cheveux ébouriffés, à moitié nue.

Malgré son exhortation, les rares personnes à pénétrer dans la forêt ne se précipitaient pas. Elles avançaient lentement, à pas prudents. Pour sa part, Fauve restait plantée sur place, sonnée. L'arrivée d'un groupe de policiers leur donna davantage de courage. Talonnés par plusieurs dizaines de personnes, dont Fauve, les agents, reconnaissables à leurs tenues noires, slalomèrent entre les arbres vers l'origine de la déflagration. Rapidement, l'odorat surdéveloppé des Sensis leur permit de détecter une odeur inquiétante. Ils se dirigèrent vers elle. Plus ils s'approchaient, plus l'effluve métallique devenait fort, ce qui poussa le groupe à ralentir instinctivement.

Fauve avait le cœur qui tambourinait dans sa poitrine, pas seulement à cause de leur course sylvestre. Un coup de feu, du sang... Elle avait un très mauvais pressentiment, et d'après son sixième sens, elle n'était pas la seule...

L'un des policiers cria :

— Là !

Il pointait du doigt une masse étendue au sol, à peine trois mètres sur leur droite, entre les hautes herbes jaunies d'une clairière. La jeune fille tressaillit en reconnaissant les caractéristiques physiques d'un être humain.

— Restez là, ordonna l'un des agents, un homme très grand à la carrure imposante.

Dociles, les villageois s'arrêtèrent à distance respectueuse du corps. Néanmoins, ils tentaient tous de distinguer son visage, rongés d'inquiétude. L'homme faisait-il partie du village ? Le connaissaient-ils ?

Les cinq policiers s'affairaient autour du corps. Fauve en profita pour s'éloigner discrètement du groupe. Elle se faufila derrière les fougères qui entouraient la clairière, puis longea cette dernière à couvert, dans le but de se rapprocher de la scène par l'autre côté. Cachée derrière un arbre, elle s'accroupit pour observer sans se faire voir.

De cet angle idéal, elle avait une vue parfaite sur la tête de l'homme. La première chose qui la frappa fut la couleur de l'herbe à l'endroit de son crâne. C'était comme s'il était posé sur un coussin rouge vif. Un trou sombre ornait son front pâle. L'estomac de Fauve se contracta, elle plaqua sa main sur sa bouche pour retenir le vomi. La jeune femme ravala en grimaçant le liquide aigre qui lui brûla la gorge.

La deuxième chose qu'elle remarqua provoqua un second reflux, qu'elle ne put contrôler. Elle rendit le contenu de son dernier repas (quelques malheureux carrés de chocolat), à quatre pattes dans l'herbe.

Des bras rudes la soulevèrent, une voix la réprimanda de s'être approchée malgré l'interdiction, mais elle ne l'entendit presque pas. C'était comme un écho lointain, un murmure à peine audible dans le vacarme de ses pensées.

Biz est mort ! Biz est mort !

Une voix affreuse hurlait ces trois mots en boucle dans sa tête. Elle avait reconnu les cheveux blonds, puis la tenue du trafiquant. Aucun doute possible, c'était lui. L'un des policiers avait pris le pouls de Biz au niveau de la carotide pour confirmer la mort, mais elle était évidente : personne ne pouvait réchapper d'une balle en pleine tête.

Le policier traîna Fauve jusqu'au groupe de villageois, puis s'éloigna en grommelant. La jeune femme tomba à genoux. Son menton était encore recouvert de vomi, mais elle ne s'en soucia pas. Après un laps de temps indéterminé, une femme l'entoura de ses bras. Sa voix était douce, réconfortante. Sans la regarder, Fauve se releva et se laissa guider à travers bois. La voix l'encourageait, la caressait. Les yeux dans le vague, la jeune femme se laissait porter, indifférente aux discussions, comme anesthésiée.

C'était le troisième cadavre qu'elle voyait de ses yeux. Le premier avait été son père. Il était mort d'un accident bête, une chute de cheval. Son dos avait été piétiné par les sabots de l'animal. Le deuxième avait été une vieille dame qui était tombée raide morte dans la rue. Cela l'avait un peu remuée, mais rien de comparable avec la découverte du corps de Biz. Tout ce sang !

Elle le connaissait, lui avait parlé quelques heures plus tôt. Difficile d'imaginer que le pantin étendu dans l'herbe était la même personne que l'homme avec qui elle s'était disputée plus tôt dans la journée ! Fauve se rappela tout à coup qu'elle voulait l'interroger à nouveau. Biz avait des informations importantes concernant les kidnappeurs de Matis, informations qu'il emporterait à présent dans sa tombe.

Une fois arrivé au village, le groupe se sépara. Fauve secoua la tête, recouvrant peu à peu ses esprits.

Elle aurait bien croqué un carré de chocolat pour se remettre de ses émotions, mais elle allait devoir trouver un autre moyen de se consoler.

À travers la foule, elle chercha des yeux Pierre. Sans savoir précisément pourquoi, elle avait envie de le voir...

Chapitre 9

Dans les ruelles, les villageois se heurtaient, se bousculaient, s'interpellaient. Fauve sentait la panique exsuder des pores de leur peau. Cette peur était contagieuse, le palpitant de la jeune femme cognait de plus en plus fort dans sa poitrine. Elle se mit à courir, réflexe qui, sans ralentir les pulsations de son cœur, calma en revanche rapidement ses nerfs.

D'après les bribes de discussions qu'elle percevait pendant sa course, le conseil avait été avancé, et se déroulait en ce moment même. Fauve détenait des informations sur les relations louches de Biz. Maintenant le dealer mort, elle n'avait plus aucune raison de les garder pour elle.

Une fois parvenue sur la place centrale, Fauve fit une courte halte à la fontaine. Elle se désaltéra et s'aspergea le visage, afin de nettoyer son menton maculé de vomi séché.

La mairie était située à quelques pas de là, reconnaissable à la lourde horloge qui ornait sa façade principale. D'aspect antique, de bronze doré et de marbre blanc, le mécanisme interne avait cependant été modifié, l'horloge fonctionnant à présent à l'énergie solaire. Les Sensis avaient en effet fait une entorse à leurs convictions pour adopter les nouvelles surfaces photovoltaïques à haut rendement des Toxis.

Ils devaient manipuler le matériau avec des gants, mais leurs champs photovoltaïques leur procuraient assez d'électricité pour alimenter les rares machines du village. Ils avaient en effet découvert que tous les appareils ne leur étaient pas néfastes.

Pour peu que les engins ne contiennent pas de substances toxiques, ne génèrent pas d'ondes électromagnétiques nuisibles, ni de pollution, il n'y avait normalement pas d'effet délétère sur la santé des Sensis. Cela excluait presque tous les appareils électroniques fabriqués par les Toxis : télévisions, caméras, aspirateurs, et même réfrigérateurs étaient reliés à Internet par Wi-Fi. Le « tout connecté » était la norme chez les citadins, même s'il y avait des exceptions.

L'usage de la technologie restait néanmoins très limité chez les Sensis. Beaucoup d'entre eux avaient été échaudés par les effets de certains appareils sur leurs organismes, et militaient pour un retour complet aux sources.

Ce sont des arriérés et des peureux, jugeait Fauve.

Un regard au cadran informa la jeune fille de l'heure : vingt heures quarante-six. Les portes de la mairie, une vieille bâtisse délabrée, étaient closes. Les rideaux des fenêtres avaient été tirés, mais Fauve distinguait de la lumière à l'intérieur.

Deux gardes étaient postés devant l'entrée. Malgré tous les efforts de la jeune femme, ils refusèrent de la laisser passer. La persuasion, la menace, la séduction, rien ne fonctionna. Le visage rouge de colère, elle finit par tourner les talons.

Fauve se dirigea instinctivement vers la maison de Pierre. Que lui arrivait-il ? Elle s'était juré de ne plus fréquenter cet homme qui la rendait finalement toujours malheureuse... Mais c'était plus fort qu'elle, ses pas la guidaient sur un chemin qu'elle connaissait par cœur. Une fois devant la porte d'entrée, elle hésita un instant, le poing levé, puis frappa. Au moment où elle faisait demi-tour, pensant qu'il n'était pas là, Pierre ouvrit.

Son visage apparut dans l'entrebâillement de la porte, sombre et sévère.

— Que fais-tu là ? gronda-t-il d'une voix accusatrice.

— Je... j'avais envie de te voir, avoua Fauve d'une petite voix intimidée.

Quand Pierre était en colère, elle le trouvait vraiment impressionnant. Pourtant, il était un peu plus petit qu'elle, mais dégageait une telle impression de force... Son visage animal, son regard noir et intense lui donnaient l'air d'être un loup sur le point d'attaquer. Fauve remarqua, avec un soupçon de gêne, qu'il n'était vêtu que d'un pantalon large en lin beige.

— Ah ouais ? Et tu croyais quoi ? Que j'allais t'accueillir à bras ouverts, après la façon dont tu m'as planté tout à l'heure ?! cracha le jeune homme.

— Je suis désolée, mais c'était une conversation très importante ! se défendit Fauve, tout en louchant bien malgré elle sur les tablettes de chocolat de Pierre. Elles valaient bien celle qu'elle avait croquée plus tôt...

Faible... Je suis bien trop faible...

— Une conversation importante ? Avec Biz ? Quoi, t'étais en manque ? la railla-t-il avec un sourire sardonique.

Il ne semblait pas avoir remarqué la distraction de la jeune fille. Fauve plissa les yeux, ramenée à la réalité par le ton narquois de son interlocuteur.

— Oui, je m'en souviens, ajouta-t-il, moqueur. Toujours accro à ta cochonnerie de chocolat ?

La jeune femme secoua la tête. Elle choisit de ne pas répondre aux provocations de Pierre.

— Tu es au courant qu'il est mort, n'est-ce pas ?

— Quoi ? De qui tu parles ? répondit Pierre abruptement, en fronçant les sourcils.

— À ton avis ? Je viens de voir le cadavre de Biz, abattu d'une balle dans la tête !

Pierre écarquilla les yeux.

— Je n'étais pas au courant, murmura-t-il.

Son ire retomba tel un soufflé. Il détailla le visage de Fauve, puis planta son regard acéré dans celui de la jeune femme.

— Tu n'as pas l'air bien, décréta le jeune homme d'un ton péremptoire.

— Merci pour le diagnostic ! répliqua Fauve d'une voix sèche. Je me casse, je ne sais même pas pourquoi je suis venue...

Elle se retourna pour partir, mais Pierre attrapa son bras droit d'un geste prompt et tira sans ménagement. La poitrine de Fauve heurta le torse nu et musclé de son ancien amant. Sa peau était humide, son odeur virile emplit les narines de la jeune femme. Une décharge violente traversa soudain son bas-ventre, la laissant pantelante. Les bras forts de Pierre la soutinrent alors qu'elle perdait pied, submergée par le désir. Son esprit se rappelait les paroles blessantes de l'homme qui l'avait fait pleurer de trop nombreuses fois, mais son corps avait une mémoire plus sélective. Et réagissait au quart de tour, à son grand désespoir.

Arrête ton char ! grinça sa voix intérieure. *C'est pour ça que tu es venu chez lui…*

Les mains de Pierre agrippèrent ses fesses avec avidité, et ses doigts habiles soulevèrent l'étoffe de sa robe, pour partir immédiatement en exploration. Son amant connaissait ses points sensibles par cœur, et ne tarda pas à abattre ses dernières défenses.

Pierre l'entraîna à l'intérieur de la maison. Elle se laissa faire, incapable de lutter contre ses pulsions. Fauve vit la flamme dans les yeux de l'homme, juste avant que ses lèvres charnues se plaquent contre les siennes. Leurs langues se lièrent avec sensualité au moment où des vagues de plaisir se succédèrent, balayant toute pensée parasite dans un tsunami de jouissance.

Encore une fois, elle replongeait…

Chapitre 10

Étendus sur le lit, les deux amants reprenaient leur souffle. Après quelques minutes de grâce, Pierre se tourna sur le côté. Le don de Fauve était capricieux, elle ne le contrôlait pas très bien, mais la jeune femme fit de son mieux pour capter l'humeur de son compagnon. Elle respira profondément, ferma les yeux et tenta de faire le vide dans son esprit. Peine perdue, rien ne lui parvenait.

— Ça y est, il se ferme, constata-t-elle avec déception.

C'était à chaque fois pareil. Depuis que Pierre avait décidé de rompre deux ans plus tôt, des rapprochements avaient eu lieu à plusieurs reprises. Mais l'homme se fermait irrémédiablement comme une huître, incapable de se détendre durablement en présence de Fauve.

Je sais qu'il ne se contrôle pas. Je lui rappelle sans doute trop le traumatisme qu'il a subi. N'empêche que ça fait mal !

Fauve se releva pour enfiler ses vêtements, sans provoquer aucune réaction de la part de Pierre.

— J'ai faim, tu as quelque chose à manger ? demanda-t-elle d'une voix plus sèche que prévu.

La jeune femme ne pouvait s'empêcher d'être vexée par l'attitude de Pierre. Elle avait l'espoir qu'un jour, il arrête de se replier de la sorte après leurs ébats. Un souhait qui jusqu'alors n'avait jamais été exaucé. Allait-elle l'attendre encore longtemps ?

— Mmh, oui, y a du pain et du fromage sur la table, grommela Pierre sans se retourner.

Elle soupira et se dirigea vers la cuisine. Elle mangea debout, face à la fenêtre. Le soleil couchant ressemblait à une grosse orange sanguine en équilibre sur le toit des maisons. Comme un dernier baroud d'honneur avant l'arrivée de la nuit, le ciel se teintait d'un feu d'artifice de couleurs : du rose, du rouge, du violet, aux teintes intenses et profondes.

— Il doit être environ neuf heures et demie, déduit Fauve. Le conseil est peut-être terminé.

Quelque chose lui frôla les jambes. Elle sursauta et lâcha sa tranche de pain, qui tomba à terre. Un petit animal au corps fin et souple se dandinait devant elle, bouche ouverte. Il avait de petits crocs acérés, et un masque de pelage noir lui zébrait la face. La bête se jeta sur Fauve, tentant de passer sous sa robe pour lui mordre le ventre. C'était son jeu favori, se rappela avec horreur la jeune femme. D'un geste rapide, elle la saisit au niveau du cou (le seul endroit par lequel elle pouvait l'attraper sans risque de morsure), et la jeta sans ménagement au loin. L'animal rebondit sur le mur souplement et revint vers elle en ondulant, visiblement excité.

— Dégage, sale putois ! s'écria Fauve d'une voix légèrement hystérique.

Elle haïssait cette bestiole qui ne cherchait, selon elle, qu'à la tourmenter. C'était le furet de compagnie de Pierre, Jack, nom que Fauve n'utilisait jamais. Elle préférait « sale putois », qui correspondait selon elle davantage à la bête sournoise qui cherchait sans cesse à l'attaquer.

Sans demander son reste, Fauve contourna le mustélidé et s'enfuit de la maison. Pierre était resté dans la chambre, elle ne prit pas la peine de lui dire au revoir.

— Ça lui fera les pieds ! se félicita-t-elle, non sans une pointe d'amertume.

Les rues étaient plus calmes qu'auparavant, même si on sentait encore une certaine effervescence parmi les passants. La pénombre gagnait peu à peu du terrain. Les rares lampadaires à énergie solaire allaient bientôt prendre le relais pour éclairer chichement les ruelles du village. Une légère brise rafraîchissante s'était levée, caressant les cheveux ondulés de Fauve tandis qu'elle marchait d'un pas rapide vers la mairie.

Elle ouvrit les larges portes à battant, mais l'intérieur du bâtiment lui confirma ce dont elle se doutait déjà : la salle était bien vide. Le conseil était déjà terminé.

Fauve supputa que sa mère se trouvait chez elle. Son petit ami du moment, Bastien, l'accueillit avec son habituel sourire carnassier, au grand dam de la jeune femme. Il était plus jeune que Marguerite de quinze ans (elle en avait quarante-cinq), et avait un physique agréable. Grand, élancé, c'était un blond aux yeux bleus, à l'allure scandinave. Il ressemblait vaguement au père de Fauve. Mais sa tête ne revenait pas à Fauve. De plus, elle avait de bonnes raisons de croire qu'il était faux et manipulateur. Son sixième sens ne mentait jamais, mais sa mère ne voulait pas entendre parler des doutes de sa fille. D'après Marguerite, il ne s'agissait que de jalousie mal placée.

— Salut, Fauve, tu viens aux nouvelles ? lança-t-il d'une voix affable.

— À ton avis ? répliqua-t-elle avec sarcasme.

Elle n'était pas vraiment d'humeur badine. Fauve sentit ses poils se hérisser un peu, sous le coup de la colère qui émanait de l'homme, même s'il n'en laissait rien paraître. Il arborait toujours le même sourire figé et paraissait détendu.

— Quel faux jeton ! pensa Fauve.

Il l'invita à prendre place sur le canapé, mais elle choisit de rester debout, les bras croisés.

— Où est ma mère ?

— Elle a dû s'absenter quelques instants, elle va revenir. Tu veux boire quelque chose ? Une tisane, peut-être, tu as l'air tendue ? demanda-t-il avec un ton que Fauve trouva légèrement moqueur.

Bastien s'affala dans l'un des fauteuils à fleurs.

— Non, merci, répondit Fauve sèchement.

La curiosité la taraudait, elle se mit donc à questionner le petit ami de sa mère à propos du conseil, malgré son envie de prendre ses jambes à son cou. Bastien la rendait toujours mal à l'aise. Il dégageait quelque chose de malsain. Elle s'était toujours fiée à son instinct et, à cet instant, il lui ordonnait de quitter cet endroit. La jeune femme ignora cependant ce signal.

— Oui, une expédition de recherche va être menée. Elle partira après-demain, car nous avons un certain nombre de choses à préparer.

— Nous ?

Son sourire s'élargit.

— Marguerite m'a désigné pour diriger cette mission… J'en suis bien sûr très honoré !

Sa fierté était palpable. A contrario, la déception de Fauve était grande…

— Ah, super ! réagit-elle sans aucun enthousiasme. Qui d'autre y participe ?

— J'ai moi-même choisi les quatre autres personnes. Il y a Jean, Yvi, Ewen et Maxime.

Bastien était inspecteur de police, et venait de nommer ses agents préférés, une bande de musclors sans cervelle, selon l'avis de Fauve.

— Est-ce que vous allez commencer vos recherches à Rennes ? Comme je l'ai dit à Maman, c'est par là qu'il faut commencer ! D'ailleurs, j'aimerais lui parler de certaines informations dont j'ai eu connaissance…

L'homme s'enfonça un peu plus dans son siège moelleux. La jeune femme sentit une émotion la chatouiller… De la joie ? De la satisfaction ? Elle ne parvenait pas vraiment à déterminer sa nature.

— Je les connais déjà, tes informations, Fauve…, lança-t-il avec nonchalance. Tu crois que j'ignorais ce que tu trafiquais avec ce bon à rien de Biz ?! Et que je ne connaissais ni ses activités ni ses fréquentations ?

Fauve resta interdite, surprise. Bastien se releva brusquement et sortit du salon.

— Allez, retourne jouer à la poupée et laisse les grands gérer les affaires importantes, ricana-t-il.

Il l'invita à partir d'un geste de la main, un rictus narquois collé au visage. Choquée par ce comportement inédit de la part de Bastien, elle demeura plantée dans le salon un petit moment. Soudain, elle reçut une vraie gifle d'électricité, ce qui la sortit immédiatement de son état hébétude.

— Tu veux peut-être que je t'aide à partir, menaça Bastien, le regard assassin, en s'approchant lentement de Fauve.

Une nouvelle décharge violente irradia ses membres tétanisés par la peur.

Chapitre 11

L'instinct de survie poussa Fauve à détaler comme un lapin. Heureusement, Bastien la laissa faire, satisfait de sa réaction. Son rire cruel accompagna la fuite de la jeune femme, et résonna encore dans sa tête pendant plusieurs minutes. Elle courut vite et longtemps, en proie à une panique sans nom.

Ne sachant où aller, elle finit par stopper sa course folle au milieu d'une ruelle mal éclairée. Les ampoules à économie d'énergie des lampadaires diffusaient une lueur fantomatique, trop faible pour percer l'opacité de la nuit sans lune. Les ruelles étaient désertes ou presque. Étrange pour un samedi soir, se dit-elle, avant de se remémorer les événements sordides de la journée.

Le vent frais lui donna la chair de poule, elle frissonna. Un bruit quelque part raviva la peur qui lui tordait déjà les boyaux. Fauve reprit sa course sans but, réfléchissant à sa destination. Après ce qui venait de se passer, elle ne voulait pas rester isolée dans sa maison. Elle n'avait par ailleurs aucune envie d'aller chez Pierre.

Chez Lila ! Oui, elle serait bien chez sa seule véritable amie...

Lila l'accueillit à bras ouverts, comme toujours. C'était une jeune fille joviale, toujours souriante. Petite et menue, métissée de par les origines marocaines de sa mère, elle était la seule personne du village à arborer des cheveux plus crépus que ceux de Fauve. Marguerite la trouvait vulgaire. Son langage était en effet assez fleuri, mais cela ne gênait pas du tout Fauve. Savoir que sa mère ne l'appréciait pas était à ses yeux plutôt un avantage qu'un inconvénient.

La jeune femme de vingt-deux ans vivait toujours chez ses parents. Une fois dans sa chambre, Lila déballa des gâteaux bretons et déposa un sachet de caramels au beurre salé sur le lit. Fauve engloutit une énorme part de gâteau pour se donner le courage de parler. « Elle me connaît bien ! » se félicita la jeune femme. Quand elle eut terminé le récit des derniers événements avec Bastien, Lila secoua la tête énergiquement.

— Non, mais c'est un putain de taré, ce mec !

— Ouais, je me doutais qu'il y avait quelque chose qui clochait chez lui, approuva Fauve. Mais j'avoue que j'ai été surprise par ses menaces ! Tu aurais vu son regard... Je suis sûre qu'il a déjà tué de sang-froid !

Elle jeta un caramel dans sa bouche, qui lui scella la mâchoire aussi efficacement que de la glue.

— Il faut que tu fasses gaffe, ma Fav' (Lila n'appelait Fauve que par ce surnom). Ton frère se fait enlever, ton dealer se fait buter, et maintenant ton « beau-père » te menace... Fais profil bas et évite de rester seule ! lui ordonna Lila d'un ton autoritaire.

Fauve mâcha avec énergie la friandise qui lui collait encore aux dents.

— Tu ne crois pas que je devrais en parler à ma mère ? Elle court peut-être un danger avec lui...

— Franchement, ta mère risque de ne pas te croire, et de tout lui répéter. Tu la connais. C'est toi qui serais alors en danger, argumenta Lila. Il part quand en expédition, le psychopathe ?

— Après-demain... Oui, tu as sans doute raison, je vais attendre qu'il parte pour prévenir Maman...

— En attendant, trouve-toi un mec pour te protéger ! s'esclaffa la jeune femme. Et puis ça fait combien de temps que tu n'as pas baisé ?! ajouta-t-elle sans ambages.

Fauve détourna le regard.

— Attends... C'est quoi, cet air coupable ? Me dis pas que... Oh, putain ! T'as couché avec Pierre !

— Oh, c'est bon, tu ne vas pas me faire la morale.

— Mais Fav', je croyais que cette fois c'était fini pour de bon. Tu as vu comme il te traite ?! C'est un salaud ! réagit Lila avec un air à la fois compatissant et réprobateur.

— Mais non, ce n'est pas un salaud. Il a souffert, tu sais..., la contredit Fauve sans beaucoup de conviction.

Ces paroles qu'elle avait de nombreuses fois prononcées par le passé commençaient à ressembler à une vieille rengaine. Comme elle se sentait lasse tout à coup !

— Ah, encore ce mystérieux traumatisme dont tu n'as jamais voulu me parler, moi qui suis ta meilleure amie, celle qui est toujours là quand tu en as besoin, se lamenta Lila.

— Il m'a fait promettre de ne pas en parler. J'ai juré, tu comprends ?

Fauve soupira.

— Bref. Oui, je sais, j'ai fait une erreur. Mais je n'étais pas dans mon état normal...

Sa voix devint chevrotante.

— Je venais de voir Biz, là-bas, dans la forêt... Avec un trou au milieu du front, et puis il y a mon frère qui est je ne sais où...

Elle éclata en sanglots. Son amie la prit dans ses bras, mais le chagrin de Fauve était inconsolable. Une fois le tissu de son pyjama imbibé de larmes, Lila eut une idée.

— Écoute, Fav'. Je le gardais pour une occasion plus festive, mais je crois que tu en as vraiment besoin, là.

Lila se dégagea de l'étreinte de son amie pour aller fouiller dans une boîte sous son lit. Le bruit familier du papier qui se déchire éveilla l'attention de Fauve. Cette dernière essuya fébrilement ses yeux embués du revers de la main, incrédule mais pleine d'attentes.

— Tu as du chocolat ?!

Chapitre 12

Fauve se réveilla barbouillée et en sueur. Sans doute avait-elle abusé des friandises la veille. Le chocolat avait néanmoins été une excellente surprise. Jamais elle n'aurait imaginé que Lila en gardait chez elle.

J'ai vraiment une amie en or, se félicita-t-elle.

Aidée par les autres gourmandises, sa drogue favorite avait gonflé son ventre à défaut d'emplir son cœur. Son goût délicieux avait excité ses papilles, libérant la précieuse hormone du bonheur, l'endorphine. Fauve ferma les yeux en tentant de revivre ces instants, mais seule une légère nausée répondit à sa supplique.

Lila ronflait doucement, blottie tout contre elle dans le lit trop étroit pour deux. Le réveil mécanique indiquait 7 h 30. Était-il bien remonté ? Apparemment oui.

Sur le chevet, une mèche tordue, calcinée, gisait au milieu d'un amas de cire. Les Sensis étaient pétris de contradictions : des lampadaires électriques éclairaient leurs rues, mais les maisons n'étaient équipées que de bougies.

D'après ses rétrogrades concitoyens, les lumières artificielles irritaient leurs yeux sensibles. Une faible lueur dans une ruelle, c'était supportable, du moment qu'on ne fixait pas l'ampoule. En revanche, il était pour eux impossible de supporter cette lumière un long moment. Fauve avait testé, désireuse de vérifier cette affirmation. À contrecœur, elle avait fini par éteindre l'interrupteur, les yeux rougis et larmoyants.

Le soleil dessinait le contour des volets en bois, et chauffait déjà la chambre baignée de lumière. Des vêtements en vrac recouvraient presque entièrement le plancher en bois brut. Un bric-à-brac de bibelots en tout genre s'entassait sur les meubles. *Typique de Lila*, pensa Fauve en souriant. Elle se glissa prudemment hors du lit et s'habilla.

La jeune femme griffonna quelques mots sur un bout de papier, le déposa sur la table de chevet, puis quitta la maison à pas de loup. Elle avait à présent besoin de se retrouver un peu seule. Trop de pensées encombraient son esprit.

Elle dépassa un chat qui taquinait une poule, alors qu'au loin, un coq troublait le silence de son chant rauque. Le village dormait encore paisiblement, les ruelles étaient provisoirement le royaume des animaux errants.

Comme un dimanche ordinaire, pensa Fauve. Cependant, ce n'était pas un dimanche comme les autres... Son frère n'était plus là et un meurtre avait été commis.

À sa connaissance, c'était la première fois qu'un assassinat avait lieu à Argoat. Il y avait rarement des crimes commis par des Sensis. Leur hypersensibilité les rendait normalement plus empathiques que les humains lambda.

Mais il y avait tout de même des précédents. Une fois le coupable découvert, il était interdit de séjour chez tous les Sensis. Les mécapigeons, des drones à énergie solaire, véhiculaient la nouvelle de village en village. Les criminels étaient donc condamnés à une vie d'errance. En général, cet exil forcé les rendait fous.

Une fois chez elle, Fauve se laissa lourdement tomber sur le canapé. Le nuage de poussière qui s'éleva la fit éternuer.

Des images de Pierre et de Bastien se bousculaient dans sa tête. Aucune n'était agréable. Pierre s'était une fois de plus comporté comme un goujat. Comment avait-elle pu oublier leur dernière dispute, qui avait pourtant été particulièrement violente ? Ils avaient tous les deux dit des choses très dures, instaurant un froid qui avait duré plusieurs mois...

Jusqu'à ce que Fauve retombe dans ses bras en un claquement de doigts ! N'avait-elle aucune fierté ? Aucune volonté ?

Le cas de Bastien était encore plus préoccupant. C'était comme s'il avait un panneau indiquant « danger » sur son front. Elle se sentait électrisée rien qu'en y pensant. Avait-il tué Biz ? Était-il un complice du tueur ? Ou voulait-il seulement faire peur à Fauve ? Elle avait peut-être mal interprété ses signaux... Non, son comportement était trop louche, il cachait quelque chose, elle en était certaine.

Épuisée par tant de réflexion, elle finit par s'assoupir.

Des coups la réveillèrent en sursaut.

— Fauve, c'est moi ! Tu es là ? s'écria Pierre, la voix étouffée par la porte qui les séparait.

La jeune femme s'enfonça dans les coussins dans une tentative de disparition. Il frappa encore une fois, puis ce fut le silence. Sans doute avait-il essayé de voir à travers les carreaux, mais heureusement, le canapé était positionné dos à la fenêtre.

— C'est trop facile de venir s'excuser encore une fois, rumina-t-elle, recroquevillée en position fœtale. Le mal est fait, et c'est loin d'être la première fois. Il va encore tenter d'inverser les rôles pour se poser en victime, alors qu'il est mon bourreau, la source de tous mes maux !

Au moment où Fauve se relevait du canapé dans un regain d'énergie dû à la colère, des poings tambourinèrent à nouveau à la porte. Remontée comme une pendule, pleine de résolution, elle ouvrit brutalement la porte pour affronter Pierre.

Mais c'était sa mère qui se tenait devant elle.

— Bonjour, ma puce, comment vas-tu ? Tu as bien dormi ? s'enquit Marguerite d'une voix aiguë que Fauve trouva légèrement hystérique.

Sans lui laisser le temps de répondre, elle attrapa le bras de sa fille pour l'entraîner dehors.

— Il faut que tu viennes avec moi, j'ai besoin de tes talents !

Elle paraissait survoltée.

— Mais ! Où ça ? Que veux-tu que je fasse ? se défendit la jeune femme en tirant dans l'autre sens.

— Ne fais pas l'enfant, s'il te plaît ! la gronda Marguerite en secouant le bras de sa fille. Tu es la dessinatrice du village après tout ! Ce n'est pas tous les jours que nous organisons une mission de sauvetage ! En milieu urbain, en plus !

Fauve libéra son bras d'un coup sec.

— Tu veux que je fasse un portrait de Bastien ? cracha-t-elle, hostile à cette idée.

Marguerite se retourna pour lui décocher un regard d'avertissement.

Fauve hésita à lui faire part des menaces que Bastien avait proférées envers elle. Elle se rappela les risques potentiels pour sa mère et décida de ne rien révéler pour le moment.

— En réalité, c'est Bastien qui a insisté pour que tu viennes. Il m'a dit que tu étais très désireuse d'aider l'équipe, précisa Marguerite d'une voix plus douce.

— Ah oui, vraiment ? grinça Fauve.

— Je trouve que c'est une très bonne idée ! Ce n'est pas tous les jours qu'on lance une telle expédition ! Il faut immortaliser ce moment !

— Je préférerais immortaliser le retour de Matis...

Marguerite s'apprêta à répliquer, mais les mots restèrent bloqués dans sa gorge. Fauve ressentit une bouffée de tristesse rafraîchir sa peau, ce qui la fit regretter ses dernières paroles.

— Où m'emmènes-tu ? demanda la jeune femme avec plus de chaleur dans la voix.

Sa mère ne répondit pas. Elles venaient de quitter le village pour s'enfoncer dans les bois. Marguerite emprunta un petit sentier qui était familier à Fauve. Il menait au Miroir aux Fées.

C'était un véritable miroir, car la forêt qui entourait le lac était si dense que le vent ne pouvait rider sa surface. Les sept fées qui y séjournaient jadis avaient juré de ne jamais se montrer aux hommes. L'une d'elles avait cependant brisé le pacte.

Selon la légende, la couleur pourpre des eaux de la vallée était due au sang des fées égorgées par leur sœur pécheresse. Cette dernière s'était éprise d'un homme, provoquant l'ire de ses semblables. Elles avaient tué le cavalier, avant d'être victimes à leur tour de la vengeance de leur sœur.

C'était en réalité la roche de schiste rouge qui colorait ainsi l'eau de l'étang, mais Fauve préférait l'explication légendaire.

Une silhouette traversa un petit pont en bois pour se diriger vers les deux femmes.

Le sourire carnassier, le regard acéré, Bastien les accueillit avec une bonne humeur contrefaite.

— Ah voilà enfin ma belle-fille adorée ! roucoula-t-il en enfonçant ses doigts dans l'épaule de Fauve.

Elle avait l'impression d'être un mulot entre les serres d'un aigle.

Chapitre 13

— Je n'ai pas mon matériel, se plaignit Fauve.

— J'ai apporté un carnet et des crayons de papier, tu as tout ce qu'il te faut ! répliqua sa mère d'un ton péremptoire.

La jeune femme grommela pour la forme, mais finit par capituler. Assise sur la souche d'un arbre, elle disposa le carnet sur ses genoux. Bastien et trois de ses compères se tenaient à quelques mètres d'elle, fiers comme des papes. Ils roulaient leurs muscles crânement.

Qu'ils ont l'air niais ! se dit Fauve.

Derrière eux, le Miroir aux Fées. Sur la surface plane du lac, le vert profond de la forêt tranchait avec le bleu pâle du ciel nuageux. Des cumulus glissaient sur l'eau tels d'énormes paquebots immaculés. L'air était lourd, augurant un possible orage à venir. Fauve essuya sur sa robe ses mains moites ; le crayon refusait de rester calé entre ses doigts glissants.

Maxime, le cinquième participant de l'expédition, manquait à l'appel. Marguerite l'avait informé qu'il était parti tôt le matin « en repérage » dans les bois, afin de préparer le départ du lendemain.

— Tant pis, tu feras son portrait tout à l'heure. Il ne devrait pas tarder, avait-elle affirmé.

Des badauds s'attroupèrent autour de Fauve alors qu'elle commençait son croquis.

Elle tenta de dessiner les hommes fidèlement. Sauf Bastien. Fauve prit un malin plaisir à accentuer ses traits, frôlant ainsi la caricature.

Elle entendit des gens parler de la mission. Elle ne voyait pas leurs visages, car ils se trouvaient dans son dos, mais elle ouvrit grand ses écoutilles.

— J'espère que la méditation va les aider à supporter les ondes une fois qu'ils seront à Rennes, dit un homme à la voix grave.

— Les pauvres ! Ils vont vivre le martyre ! s'exclama son interlocutrice.

— Est-ce que tu sais comment ils vont se rendre en ville ?

— Je crois qu'ils vont utiliser l'une des voitures électriques garées dans le parking, à l'entrée du village.

— Celles qu'on garde en cas d'urgence ?

— Oui, c'est ça. Rien ne garantit qu'ils passent les barrages électromagnétiques, cependant. Ces connards de Toxis vont les bombarder d'ondes, ils ont intérêt de s'accrocher pour ne pas craquer ! S'ils se font repérer, ils risquent gros ! Il vaut mieux que les contrôleurs ne remarquent pas la voiture, car ils verront tout de suite qu'il s'agit d'une voiture sensie. Pas de conduite automatique, pas d'électronique embarquée, pas de GPS... Il n'y a que l'emballage qui peut faire illusion... Et encore, de loin !

La femme approuva.

— Que Gaïa les protège ! s'écria-t-elle.

Le culte de la déesse-mère était en vogue chez les Sensis. Le christianisme ne leur correspondait pas, les autres religions non plus. « Dieu créa l'homme à son image », disait la Genèse. Mais l'homme avait changé. Le Sensi ne se reconnaissait pas dans ces textes anté-évolution.

Beaucoup de Sensis pensaient avoir été choisis par la Nature, désignés protecteurs d'une Terre malmenée par les Toxis. Fauve avait parfois besoin de croire en une puissance supérieure (surtout quand elle pensait à son défunt père), mais elle trouvait cette façon de voir un peu manichéenne : les gentils Sensis contre les méchants Toxis qui polluaient la planète. Le mode de vie des Sensis était sans doute plus sain en effet. Mais, d'après sa courte expérience de la vie, il y avait des salauds partout, qu'ils soient Sensis ou Toxis n'y changeait rien. Son sentiment était donc ambivalent, un mélange d'attirance et de répulsion.

Un cri aigu la tira de ses réflexions métaphysiques. Elle laissa choir son carnet et ses crayons, puis se précipita avec les autres vers les berges du lac. Des personnes gémirent ou hurlèrent arrivées au bord. Fauve cherchait frénétiquement la source de leur réaction, le cœur au bord des lèvres.

— Pitié, pas encore ! psalmodia-t-elle, persuadée cependant qu'un nouveau malheur venait de s'abattre sur leur tribu.

Un doigt tendu dirigea enfin son regard. Il désignait un autre doigt, qui émergeait de l'eau pourpre, replié sur une main gonflée et pâle. Un corps. Fauve étouffa un cri. Quelques villageois se saisirent de longs bâtons pour ramener le cadavre vers les berges. À demi immergés, les courageux parvinrent à attraper l'homme pour le hisser sur la terre ferme. Il fut vite identifié, l'eau n'avait pas eu le temps de faire beaucoup de dégâts. Le visage était gonflé, deux sangsues gorgées de sang étaient collées sur ses joues blêmes, mais les traits de la victime étaient parfaitement reconnaissables.

Il s'agissait de Maxime, le dernier membre de l'équipe.

Les yeux clos, la chair boursouflée, il était blanc comme un linge. Un short et un fin marcel en lin beige collaient à sa peau laiteuse. Sur le côté gauche de sa poitrine, le trou sombre, bien net, ne laissait aucun doute sur la cause du décès. Encore un meurtre par balle...

Fauve resta un moment en état de choc, mais se remit d'aplomb plus vite que la fois précédente. À croire qu'elle s'habituait, si tant est qu'on puisse s'habituer à la mort.

Mue par une intuition, Fauve chercha Bastien. Elle était curieuse de voir sa réaction, qui serait à coup sûr révélatrice. Après tout, Maxime était un proche de son beau-père, l'homme qu'il considérait comme son bras droit. S'il était lié à ce crime, elle pourrait sûrement capter des émotions particulières. Elle mit un moment à le trouver. Il s'était caché derrière un arbre pour pleurer à chaudes larmes.

— Ce ne sont pas des larmes de crocodile, constata la jeune femme, décontenancée.

Elle ne s'était pas attendue à ce comportement de la part de l'homme qui l'avait tant effrayée la veille. Même aidée d'un don pour décrypter les émotions d'autrui, Fauve avait parfois bien du mal à cerner ses semblables.

Chapitre 14

La mère de Fauve était trop choquée pour rassurer sa fille. Elle vociférait à la ronde, calmant ses nerfs sur les pauvres hères qui avaient le malheur de se trouver dans son champ de vision.

Le corps était à présent enveloppé d'un linge blanc. Des hommes le hissaient sur un brancard en bois quand la veuve de Maxime fit irruption dans la clairière. Tous les regards se braquèrent sur elle. Les yeux fous, elle eut un hoquet quand son regard se posa sur le linceul humide. Ses longs cheveux bruns étaient hirsutes, sa peau était aussi blanche que celle de son défunt mari. Les brancardiers posèrent le cadavre au sol délicatement.

Iris avança d'un pas mal assuré, craintif, vers le sarcophage de tissu. Sans doute espérait-elle encore que ce soit le visage d'un autre sous le masque. Que tout cela soit une monumentale erreur. Lentement, elle souleva le linge. Un hurlement guttural s'échappa de sa gorge, alors que s'évanouissaient les dernières espérances de son âme meurtrie.

Incapable de supporter cette scène déchirante une minute de plus, Fauve quitta les lieux précipitamment.

Après quelques minutes de marche, une furieuse envie de chocolat réveilla l'ogre qui logeait dans son estomac.

C'était un cas de force majeure. Lila n'en avait plus, elle devait chercher ailleurs. La jeune femme envisageait sérieusement de cambrioler le garage de Biz, dans l'espoir de trouver son stock, quand Pierre apparut au loin. Trop tard pour sauter derrière un bosquet, il l'avait repérée. Fauve se renfrogna. Elle n'avait aucune envie de se prendre le bec avec lui, alors que la vision d'une grosse sangsue sur la joue livide de Maxime semblait imprimée sur sa rétine de manière permanente.

Il emprunta le sentier sinueux bordé de conifères en courant, zigzaguant comme un serpent qui fond sur sa proie.

— Ce n'est pas le moment ! lui jeta-t-elle dès qu'il arriva à sa hauteur.

Il secoua la tête, le visage crispé et les poings serrés. Elle sentit la frustration de Pierre picoter la peau de ses avant-bras. Ses yeux noirs lançaient des éclairs.

— On peut quand même en discuter, non ? répliqua-t-il d'une voix sèche qu'il tentait d'adoucir, sans grand succès. Tu es partie comme une voleuse, je ne sais même pas pourquoi ! C'est à cause de Jack ?

Elle ouvrit grand les yeux. Fauve avait eu l'intention d'éluder la discussion, afin de rentrer se barricader chez elle fissa, mais elle ne pouvait laisser passer ça.

— Ton putois ?! Tu crois que c'est à cause de ta sale bestiole que je suis partie de chez toi ? C'est encore plus grave que ce que je pensais, si tu ne te rends même pas compte de ton comportement à mon égard ! s'exclama-t-elle.

— Mais quel comportement ? Je n'ai rien dit, rien fait ! s'emporta Pierre en levant les bras en l'air.

— C'est bien ça, le problème ! Une fois que tu as tiré ton coup, tu ne me calcules plus ! cria Fauve d'une voix aiguë.

Elle sentit ses yeux au bord de la noyade. De toutes ses forces, elle retint la cascade qui menaçait de jaillir de ses canaux lacrymaux. Elle ne voulait pas se donner en spectacle, montrer sa faiblesse devant l'homme qui l'avait blessée de si nombreuses fois.

— N'importe quoi ! s'indigna Pierre.

Sa peau mate ruisselait de sueur. Il s'essuya le front du dos de la main d'un geste agacé.

— Est-ce que mes larmes pourraient passer pour de la sueur ? s'interrogea brièvement Fauve pendant que Pierre balayait la terre avec son pied, le visage baissé.

Elle en profita pour s'essuyer rapidement les yeux.

Ils gardèrent tous deux le silence quelques instants. Puis, l'homme reprit la parole d'une voix étonnamment calme. Pourtant, Fauve percevait vaguement le bouillonnement d'émotions qui malmenait son cerveau.

— Je n'ai pas l'impression de t'ignorer, mais c'est vrai que je ne suis pas tout à fait moi-même quand je suis avec toi. Il y a toujours des souvenirs qui ressurgissent quand je m'y attends le moins.

Il releva la tête, l'air farouche.

— Je ne le fais pas exprès !

Fauve réagit au quart de tour, sans réfléchir à ses propos.

— Mais putain, faudrait que tu tournes la page, tu ne crois pas ? Et puis je ne t'ai rien fait ! Je ne t'ai pas violé, moi !

Il sursauta à ces paroles. Un long frisson parcourut l'échine de Fauve quand il agrippa ses épaules fermement. C'était comme si une anguille électrique venait de s'enrouler autour d'elle. Pierre planta son regard sombre dans celui de la jeune femme.

— Je t'interdis de dire ça, gronda-t-il. L'agression, c'est entre toi et moi, personne ne doit apprendre ce qui m'est arrivé ! Je ne veux plus jamais que tu me parles de viol, tu m'entends ? la menaça-t-il.

— Il faudrait peut-être que tu en parles à quelqu'un d'autre, pourtant..., murmura Fauve entre ses dents.

— Pas question !

Il la lâcha brusquement et tourna les talons. Fauve le suivit des yeux, tremblante, jusqu'à ce qu'il disparaisse dans la végétation. Pour une fois, la dispute n'avait pas été stérile. Pierre avait admis la cause de son comportement, et elle avait pu vider son sac, même si elle aurait aimé le faire avec moins de violence.

Une petite voix dans sa tête lui souffla qu'ils ne se rabibocheraient pas de sitôt.

Chapitre 15

C'était une froide journée d'hiver. Le ciel, d'une blancheur immaculée, blessait les yeux aussi sûrement qu'un soleil éclatant. Les feuilles gelées se brisaient à chaque pas comme des gâteaux secs sous la dent. Les Sensis avaient enfilé des chaussettes pour protéger leurs pieds nus, et étaient emmitouflés sous d'épais ponchos en laine. Les silhouettes sombres et dépouillées des arbres isolaient le couple du monde, dans un silence de cathédrale.

— Si tu devais faire un choix entre le chocolat et moi, que choisirais-tu ? la taquina Pierre avec effronterie.

Son teint mat et lumineux avait la couleur appétissante du chocolat au lait. Fauve avait bien envie d'en croquer un morceau. À la place, elle vola un baiser à l'élu de son cœur. Un rire tonitruant, décomplexé, s'échappa de la gorge de Pierre.

— Tu fais ça pour m'amadouer, mais je sais bien que je ne fais pas le poids, petite gourmande ! Heureusement que tu as du mal à t'approvisionner, ça me permet de récolter quelques miettes de ton attention ! se plaignit l'homme avec un sourire éclatant sur le visage.

Par Gaïa, il est si beau ! s'extasia Fauve avant de sauter dans ses bras.

— Idiot ! Tu appelles ça des miettes ?! gronda-t-elle d'une voix faussement indignée.

Puis elle le couvrit de baisers.

— Chaton, si tu continues à me titiller comme ça, tu vas te retrouver cul nu sur le sol glacé en un rien de temps. C'est ce que tu veux ? susurra Pierre à l'oreille de son amante d'une voix légèrement rauque.

La jeune femme gloussa, puis s'écarta un peu.

— Viens, je connais un endroit qui pourrait faire l'affaire...

Il se laissa guider par Fauve jusqu'à une cabane en bois un peu délabrée. Elle dut forcer sur la poignée pour parvenir à ouvrir la porte. À l'intérieur trônait une petite table en chêne, rongée par les ans, entourée de deux bancs sommaires. Quelques bûches empilées occupaient le reste du petit espace sans fenêtre.

Pierre haussa un sourcil interrogateur à Fauve, qui répondit par un petit sourire en coin. Elle ferma la porte, geste qui les plongea tous deux dans une semi-pénombre. La lumière extérieure se glissait dans les interstices des planches clouées à la va-vite.

— Tout ce que je sais, c'est que cet endroit est abandonné depuis des lustres. On y sera tranquilles !

Pour illustrer sa pensée, la Sensie s'assit sur la table, jambes écartées. Pierre ne se fit pas prier pour se glisser entre ses cuisses. Mais des éclats de voix près de la cabane mirent fin aux préliminaires. Fauve ajusta son pull à la hâte, mais n'eut pas le temps d'enfiler son poncho avant que la porte s'ouvre à la volée. Fort heureusement, le duo n'avait pas encore ôté le bas.

Une imposante silhouette masculine s'avança, encadrée de ses deux comparses. À contre-jour, son visage n'était que ténèbres.

— Qu'avons-nous là ? ricana l'homme, qui avait la carrure d'un rugbyman. Elle est jolie, ta copine, mec… Tu nous la prêtes ?

Ses acolytes approuvèrent. Fauve ne les distinguait que partiellement, mais ils avaient l'air jeunes, à peine majeurs.

— Laissez-nous tranquilles, avertit Pierre d'un ton menaçant.

Il s'était avancé devant Fauve pour faire barrage de son corps. Inquiète, son amie remarqua qu'il était plus petit que l'homme qui avait fait irruption dans la cabane. Elle pencha la tête sur le côté et plissa les yeux pour tenter, sans succès, de reconnaître l'un des Sensis d'Argoat. Le trio était néanmoins vêtu comme eux. Des Aspirants ?

— Oh, le Sensi n'est pas partageur ? lui répondit l'inconnu d'une voix mielleuse. T'as pourtant l'habitude des partouzes, non ?

— Ils baisent même en famille, ces dégénérés, à ce qu'on dit ! s'exclama le gringalet à ses côtés. Je ne comprends pas pourquoi nos parents ont tout quitté pour s'enterrer dans ce trou paumé !

— C'est vous, les dégénérés, rétorqua Pierre, dont les poings se serraient. Dégagez ou je vous pète la gueule !

L'Aspirant poussa violemment Pierre qui, par effet domino, heurta Fauve. Elle se cogna les jambes sur la table et se rattrapa tant bien que mal.

En réponse, Pierre se jeta sur son attaquant. Il lui décocha un méchant coup de poing qui l'étourdit quelques instants, mais l'homme reprit vite ses esprits. La marmule donna un coup de boule au Sensi, qui chancela puis s'effondra dans les bras de Fauve. Cette dernière hurla de frayeur. Les poils hérissés par la menace qui flottait dans l'air, la femme ne faisait pas le poids face à leur assaillant. À présent, elle distinguait la face de la brute. Il n'était pas laid, mais le rictus sadique qui lui déformait le visage agissait comme un puissant repoussoir. Ses yeux étrécis se plantèrent dans ceux de Fauve, et une lueur de lubricité alluma ses prunelles. Terrifiée, la Sensie secoua son amant pour le réveiller. Sans prévenir, Pierre se releva d'un coup et chargea. Surpris par cet assaut soudain, l'Aspirant ne contra pas et se laissa entraîner dehors. Comme des quilles, ses amis furent fauchés par leur leader, qui tomba à son tour face contre terre.

— Cours, Fauve ! brailla Pierre, qui tentait de maintenir le trio au sol.

Sans réfléchir, la jeune femme s'élança. Après plusieurs mètres de sprint, affolée par les cris de son compagnon, elle se retourna. Les trois hommes avaient maîtrisé Pierre, qui se débattait comme un diable. Indécise, elle étudia ses options. Le village était loin. Même en courant, elle mettrait au moins vingt minutes à l'atteindre. Donc quarante minutes au total pour revenir à la cabane avec une escorte.

Je dois l'aider ! Il me faut une arme !

Un cri déchirant la fit sursauter.

— Non ! Arrêtez ! s'époumonait Pierre.

Les tortionnaires s'étaient enfermés avec lui dans la cabane. Fauve n'avait aucune idée des sévices qu'ils faisaient endurer à son petit ami.

— Fils de pute ! Tu vas payer à sa place, ça te servira de leçon, s'écria le chef du groupe.

Les autres gloussèrent, surexcités. Fauve n'était plus qu'adrénaline et stress. Tout son corps tremblait, et elle peinait à se concentrer sur son objectif. Enfin, elle trouva une pierre tranchante et un bâton robuste. Comme un zombie, Fauve s'avança vers la bicoque.

C'est un plan de merde... Je ne vais pas réussir à en assommer trois d'un coup. Mais je ne peux pas rester les bras croisés à entendre son calvaire !

Soudain, une idée jaillit. La chance de réussite d'un tel plan était faible, mais Fauve avait le devoir de tout tenter pour sauver Pierre.

Fauve contourna la cabane avec prudence, s'éloigna de plusieurs mètres, puis courut en tapant son bâton contre les troncs d'arbres. De sa voix la plus gutturale, elle s'écria :

— Venez, les gars, c'est par là !

Puis, d'une voix féminine hystérique :

— Pierre est dans cette cabane ! Sauvez-le, s'il vous plaît !

Enfin, elle lança son gros caillou sur le mur arrière de la hutte, et se jeta à terre pour se cacher dans les fougères. Fauve retint son souffle pendant quelques secondes qui parurent interminables.

Quand les trois affreux s'enfuirent sans se retourner de la cabane, l'air s'échappa enfin de sa gorge. Dès qu'ils furent assez loin, la Sensie se releva d'un bond pour s'engouffrer dans le cabanon.

Elle hoqueta d'effroi quand elle découvrit son amoureux, à genoux devant la table. Les fesses à l'air. Qui sanglotait sans bruit.

— Oh, Pierre ! gémit Fauve. Qu'est-ce qu'ils t'ont fait, ces monstres ?

Elle s'avança pour lui caresser le dos, mais il la repoussa avec le peu de force qui lui restait.

— Non, ne regarde pas ! Laisse-moi me relever seul...

Sa voix était brisée. Tout comme le cœur de Fauve, qui saignait à gros bouillons.

En larmes, la jeune femme ouvrit les yeux. La tristesse qui lui serrait les entrailles s'accentua alors qu'elle émergeait de ce cauchemar, de ce souvenir qui la hantait depuis deux longues années.

Ce jour froid de février, Pierre lui avait fait jurer de ne rien dire à personne. Jamais elle n'aurait dû le faire. Non seulement les coupables n'avaient pas été arrêtés ni jugés, mais en plus ce serment n'avait fait que les éloigner. C'était comme un poison impossible à dissoudre, un caillot dans le mécanisme grippé de leurs cœurs meurtris.

Ce jour-là, quelque chose s'était brisé entre eux. Depuis, Fauve essayait de recoller les morceaux, mais elle commençait à croire qu'aucune colle n'était capable d'un tel exploit.

La jeune femme essuya ses joues humides et se leva, incapable de se rendormir après avoir revécu en rêve cet épisode sombre de sa vie. À la lumière pâle du clair de lune, elle se rendit dans la cuisine en tâtonnant. Fauve fouilla les placards, en quête d'un apaisement alimentaire. Mais la nourriture à sa disposition était insipide. Dépitée, elle croqua une poignée de noisettes, aussitôt recrachées dans la poubelle.

Pourries... Comme ma relation avec Pierre !

La jeune femme se traîna jusqu'au canapé, sur lequel elle se pelotonna, plongée dans l'obscurité, et dans ses propres ténèbres intérieures.

Chapitre 16

— Je veux du chocolat, se lamentait Fauve.

Les deux jeunes filles étaient affalées sur son lit à moitié défait. Des éclairs zébraient le ciel sombre et chargé de nuages noirs. Une pluie diluvienne arrosait copieusement le village. Si les plantes appréciaient sans doute ce cadeau céleste, cette météo sinistre, couplée aux récents événements, leur faisait broyer du noir.

Elles tentaient de tromper l'ennui et la déprime en jouant aux cartes.

— Bataille, annonça Lila sans aucun enthousiasme.

Les filles posèrent une première carte face cachée, puis une seconde face visible.

— T'as encore gagné, constata Fauve d'une voix atone.

— On arrête ? J'en ai marre.

— Oui, moi aussi.

Elles jetèrent leurs cartes sur le lit et se tournèrent sur le dos.

— Eh, Fav' ! J'ai une théorie sur ton addiction au chocolat, déclara subitement Lila.

— Ah oui ?

— Bah, tu es hypersensible, n'est-ce pas ? Les émotions des autres, tu les absorbes, un peu comme une éponge !

— Merci pour la comparaison ! Et puis ça dépend... Ça ne marche pas à tous les coups ! ronchonna Fauve.

— Ouais, mais n'empêche que ça te rend plus sensible que moi, plus sensible que beaucoup de Sensis !

— Où veux-tu en venir ? demanda Fauve en fronçant les sourcils.

— J'ai lu que le chocolat avait des effets antidépresseurs. Bon, rien de très costaud. Mais comme tu es plus réceptive que nous, je pense que ça agit sur toi comme une putain de drogue !

Lila frappa du poing sa main gauche, visiblement satisfaite de sa trouvaille.

— Mouais... possible..., admit Fauve, néanmoins dubitative.

D'après elle, c'était le goût du chocolat qui la rendait accro. Point. Pas besoin d'aller chercher des explications extravagantes.

— C'est même sûr ! s'exclama Lila. Et ce n'est pas la seule chose qui te fait un effet bœuf sans raison...

— Je sens que je ne vais pas aimer ce que tu vas dire !

— M'en veux pas, mais dès que Pierre claque des doigts, tu sautes dessus comme une morfale ! On dirait que tu te contentes du peu qu'il te donne... et il ne te donne vraiment pas beaucoup ! Franchement, tu pourrais trouver mieux. C'est un vrai connard, ce type ! s'enflamma Lila.

— Oh, ça va, hein ! Lâche-moi un peu ! Je ne veux plus entendre parler de lui ! s'écria Fauve avant de rouler hors du lit, furieuse.

Elle quitta la pièce en fulminant.

— Y a que la vérité qui blesse, ma Fav', lança Lila à la cantonade.

Fauve ne travailla pas le lendemain, tout comme le reste du village. Bastien et ses trois acolytes s'en allèrent tôt le matin, sous les acclamations de la foule.

Les hommes étaient revêtus d'habits imitant ceux des Toxis. Une virgule blanche avait même été dessinée sur le tee-shirt de Bastien. Ce dernier avait le visage fermé et les traits tirés. Ses équipiers n'avaient pas l'air plus en forme. Ils portaient de lourds sacs à dos sur lesquels pendaient des paires de chaussures. Sans doute prévoyaient-ils de les enfiler une fois sortis de la forêt.

Les Sensis marchaient pieds nus la plupart du temps, sauf en hiver (et quand le sol était susceptible de les blesser). Leur sens du toucher était exacerbé, mais la corne protégeait assez efficacement leur peau. Se sentir entravés dans des chaussures était à leur sens une sensation bien plus désagréable.

Fauve avait appris que Bastien transporterait un méca-pigeon dans son sac. Il était prévu qu'il envoie un message au village deux jours après leur départ. Maximum. S'il ne l'envoyait pas, les villageois présumeraient la troupe prisonnière des Toxis. Que feraient-ils alors ? Fauve préférait ne pas y penser...

Les funérailles de Biz et Maxime eurent lieu l'après-midi, dans une zone de la forêt proche du village. Le soleil s'était levé en pleine forme, il s'employait à sécher la terre humide à la forte odeur d'humus.

Les pieds des Sensis progressaient difficilement dans le bourbier. Les bruits de succion rythmèrent la procession jusqu'aux arbres-totems.

Le maître yogi du temple, Fabien, désigna un arbre pour chaque défunt. Deux larges trous avaient déjà été creusés, les corps furent déposés à l'intérieur. On grava leurs noms et prénoms dans l'écorce au couteau, pendant que la boue recouvrait leur visage à jamais. Les arbres saignèrent, les hommes et femmes pleurèrent.

Les deux jours suivants s'écoulèrent lentement. Fauve dessina néanmoins beaucoup. Ses concitoyens réclamaient des portraits de familles. Les précédents meurtres y étaient sans doute pour quelque chose. La jeune femme s'en félicita, car le travail lui occupait l'esprit, la journée du moins. Le soir, ses angoisses ressurgissaient. Et elle n'avait pas de chocolat pour les calmer. À défaut, elle engloutit une quantité astronomique d'aliments en tout genre. Heureusement, le footing élimina la plupart de ses excès.

Les regards étaient sans cesse rivés vers le ciel. Parfois, quelqu'un criait :

— Le voilà !

Mais ce qu'il désignait n'était qu'un moineau.

Le matin du troisième jour, alors que tout le monde désespérait d'avoir des nouvelles, une femme s'agita en montant du doigt le ciel.

Au début, les passants crurent à une énième fausse alerte. Mais cette fois, l'oiseau se posa au sol. C'était bien un méca-pigeon. Serré entre ses pattes mécaniques, un morceau de papier roulé sur lui-même.

Le message qu'ils attendaient tous.

Chapitre 17

C'était l'anarchie, tout le monde voulait s'emparer du message porté par le méca-pigeon. La bousculade souleva un nuage de poussière qui asphyxia les sensibles villageois. Ils se mirent à tousser bruyamment et à se frotter les yeux.

Un policier en profita pour fendre la foule, le visage à moitié couvert par un foulard. Il s'accroupit devant le drone. L'homme sortit de sa poche une paire de gants pour saisir l'appareil en toute sécurité. Il risquait en effet de développer une allergie cutanée de contact. Rien de bien méchant, mais cela pouvait tout de même s'avérer gênant et douloureux.

Même si l'engin était conçu selon la charte de non-toxicité, les Sensis n'avaient pu éviter l'usage d'un alliage de métaux ultralégers d'origine non naturelle, ainsi que de composants électroniques Toxis. Comme pour les panneaux photovoltaïques, ils avaient assoupli leurs règles pour profiter en partie des technologies actuelles. Bien entendu, beaucoup de Sensis n'approuvaient pas ces exceptions qui, selon eux, allaient contre leur éthique de vie. Ils affirmaient que c'était un aveu de faiblesse, et même de soumission envers leurs toxiques voisins.

— Je vais remettre ce message au maire, cria l'agent de police d'une voix de stentor. Il sera sans doute lu sur la place du village.

Il tenait fermement le parchemin dans sa main, l'air résolu. Son annonce déclencha des réactions hostiles. Cris et sifflements accompagnèrent sa retraite, néanmoins personne n'osa lui arracher le papier. Sa carrure imposante, plus que sa fonction, inspirait le respect, sinon la crainte.

De longues minutes plus tard, Fauve avait rejoint le reste de la population sur la place du village, après avoir entendu le son de la corne de brume résonner à trois reprises. C'était le signal de ralliement. L'endroit était plein à craquer d'une foule impatiente et anxieuse. Fauve se sentait elle-même survoltée.

Son regard ne lâchait pas la grosse horloge de la mairie, qui brillait comme un bijou sous le soleil de plomb. La longue aiguille qui marquait les minutes avançait au ralenti, comme si le temps retenait aussi son souffle en attendant la nouvelle.

La chaleur accentuait l'impatience des hommes et des femmes, qui s'agitaient de plus en plus. Un bébé hurlait quelque part. Fauve aussi avait envie de crier pour décharger ses nerfs. À défaut, elle se rongeait fébrilement les ongles.

— Elle veut mes lunettes, madame le maire ? railla un vieil homme à ses côtés.

— Ras le bol d'attendre ! approuva une femme aux longs cheveux gris.

Enfin, Marguerite monta sur l'estrade. Aussitôt, les gens se turent. Même à plusieurs mètres, Fauve remarqua qu'elle avait très mauvaise mine. Elle avait le teint pâle et brouillé, sa longue robe était toute chiffonnée. Depuis le départ de Bastien, l'incertitude et la peur semblaient la grignoter peu à peu.

Fauve elle-même se sentait dépérir. Elle ne dormait pas très bien, en proie à de nombreux cauchemars. Dans ses songes, le cadavre de Biz devenait celui de Matis. Le front troué, dégoulinant de sang, il se levait tel un zombie pour poursuivre sa sœur à travers la forêt sombre et inquiétante. Dans son rêve, les arbres étaient tous calcinés, comme ceux qui entourent l'arbre d'or de Brocéliande.

Elle se réveillait alors en sursaut, moite de sueur et le cœur au galop. L'angoisse persistait longtemps, nourrie par les flash-back des scènes morbides dont elle avait été témoin récemment. Fauve avait léché plusieurs fois le papier d'emballage de sa dernière tablette de chocolat, au beau milieu de la nuit. Elle avait fini par le jeter à regret, quand elle s'était enfin rendue à l'évidence. Il n'y avait plus de chocolat du tout ! Et elle devrait s'y habituer.

— Je ne vais pas faire durer le suspense plus longtemps ! lança sa mère dans le porte-voix.

Marguerite déplia le parchemin à toute vitesse, le visage crispé. D'une voix tremblante et à peine audible, elle lut le message :

« Chers amis, nous avons retrouvé les enfants. Ils vont bien, mais ne vont pas revenir au village. Je sais que ça va être un choc pour vous, mais ils ne veulent pas revenir vivre à Argoat. Ils ne veulent plus être des Sensis. Un remède a été trouvé et ces adolescents se sont portés volontaires pour le tester. Quand et comment ? C'est une longue histoire... Ils vont devoir rester en convalescence quelque temps, mais dès qu'ils seront rétablis, ils viendront vous rendre visite. Ils espèrent juste que vous comprendrez leur choix.

La deuxième nouvelle va également vous surprendre. Moi et mes collègues avons été convaincus par les médecins. Nous recevrons également le traitement. Leurs arguments méritent vraiment d'être entendus, je vous assure ! Malheureusement, je n'ai pas la place sur ce petit bout de papier pour vous les énumérer.

Mais patience ! Bientôt le remède sera diffusé et vous pourrez à votre tour en profiter. Marguerite... »

La mère de Fauve s'arrêta net dans son discours. Elle hésita un moment, mais choisit de lire à voix haute le reste du message, des sanglots dans la voix.

« ... ne t'en fais pas, nous serons très vite de nouveau ensemble. Je t'aime, Bastien. »

Chapitre 18

Fauve se tenait avec sa mère devant le patriarche de la forêt de Brocéliande, le chêne à Guillotin. Cet arbre millénaire était devenu, depuis longtemps, le confident muet des Sensis tourmentés. Sa compagnie invitait au recueillement et à la méditation. Son tronc épais et noueux s'ouvrait sur des entrailles obscures, ses branches grandes comme des arbres chatouillaient le ciel de leurs doigts tordus.

Assises sur un petit banc en bois en face du vieux chêne, les femmes profitaient de l'ombre bienfaisante de l'imposant feuillu. Leurs montures, deux chevaux à la robe respectivement baie et alezane, paissaient dans le champ attenant.

Marguerite avait versé toutes les larmes de son corps, une heure plus tôt, après la lecture du message de Bastien. Ses yeux rougis en témoignaient encore. Avait-elle autant pleuré à l'enterrement de son mari ? Fauve se posait la question. Elle devait vraiment aimer ce type, même si c'était aux yeux de sa fille difficilement compréhensible.

— Tu y crois ? Vraiment ? demanda Fauve.

Marguerite se frotta les yeux, aggravant par ce geste leur état. De roses, ils devinrent écarlates.

— Qu'est-ce que tu veux dire ? Pourquoi je ne croirais pas Bastien ?! répliqua sa mère, sur la défensive.

La jeune femme haussa les épaules, puis entortilla l'une de ses mèches bouclées autour de son doigt. Elle n'était pas d'humeur à provoquer sa mère.

— Bah, ça me semble assez incroyable comme histoire. Peut-être que ce n'est même pas lui qui l'a écrit, ce message !

Les yeux de Marguerite s'éclairèrent.

— C'est vrai que ça ne lui ressemble pas vraiment, de m'ab... de nous abandonner comme ça !

Sa fille haussa un sourcil, dubitative. Heureusement que sa mère ne lisait pas dans ses pensées...

— Mouais, si tu le dis... Même si c'est lui qui l'a écrit, j'ai du mal à imaginer que Matis soit parti comme ça, sans nous prévenir... et pour devenir un Toxi ! s'exclama Fauve.

Elle sortit une boule de papier du sac posé à côté d'elle. Sous l'emballage, une brioche bien dorée, qu'elle engloutit d'une seule bouchée. Faute de grives, on mange des merles, disait une vieille expression. Ce proverbe, qu'elle avait lu dans un vieux livre quelques années auparavant, l'avait à l'époque profondément choquée. Elle s'était demandé, horrifiée, si les Toxis mangeaient vraiment ce type d'oiseaux... À présent, le sort des grives et des merles lui importait autant que celui de Bastien.

Marguerite fronça les yeux en la regardant mâcher laborieusement le gâteau, mais s'abstint pour une fois de faire un commentaire désobligeant. Sans doute n'était-elle pas non plus d'humeur pour leurs habituelles joutes verbales. Le halo de tristesse qui l'entourait serra le cœur de sa gloutonne de fille.

— J'aimerais bien savoir comment ces Toxis ont fait pour prendre contact avec nos jeunes, reprit sa mère en baissant la tête d'un air coupable.

— Quand on veut, on peut, ils ont dû trouver un moyen ! éluda Fauve.

— L'une des choses qui me chiffonne le plus dans cette histoire, c'est qu'aucun des ados n'a parlé, poursuivit la jeune fille. Pourtant, certains étaient de vraies pipelettes ! Et pourquoi eux ? Qu'ont-ils de si spécial ? Deux ou trois exclus auraient été faciles à enlever, et puis personne ne les aurait cherchés. Il y a vraiment quelque chose qui nous échappe !

— Matis n'aurait jamais suivi des inconnus sans une bonne raison. Il était heureux de vivre parmi nous, je ne vois pas pourquoi il serait parti. Ils ont dû lui faire un lavage de cerveau…

— Ou lui donner de la bonne *weed* ! ironisa Fauve.

— Très drôle ! la réprimanda sa mère en lui tapant l'épaule.

Malgré sa réaction, sa fille surprit un léger sourire sur le visage de sa génitrice. Simultanément, son aura se teinta d'un peu de joie, ce qui fit plaisir à Fauve.

Après plusieurs minutes, seulement animées par le chant des oiseaux, la jeune femme rompit le silence.

— Maman, j'aimerais que tu me dises où sont allés Bastien et ses collègues...

Marguerite tourna la tête vers sa fille, surprise.

— Comment ça, où ils sont allés ? À Rennes, tu le sais bien !

Fauve planta son regard décidé dans celui de sa mère.

— Ce que je veux savoir, c'est où précisément, insista-t-elle.

— Et pourquoi je te le dirais ?

— Parce que je compte m'y rendre. Pour retrouver Matis.

Si le banc n'avait pas eu de dossier, Marguerite serait tombée à la renverse. Passé le choc, elle se leva pour faire face à sa fille.

— C'est hors de question ! Tu n'iras nulle part, tu m'entends ! s'emporta-t-elle.

Fauve croisa les bras, l'air buté.

— Tu ne m'en empêcheras pas. Et si tu ne veux pas m'aider, je trouverais un autre moyen de trouver l'adresse... Tu me connais, non ?

Sa mère leva les bras en l'air, comme pour prier le ciel de lui venir en aide.

— Oh oui, tu es une vraie tête de mule, je le sais bien !

Fauve sourit. Apparemment, son argument avait fait mouche. Marguerite leva lentement son index droit en l'air, le regard noir.

— Même si je ne peux pas t'empêcher d'essayer, ne compte pas sur moi pour te faciliter la tâche, Fauve ! Je ne te dirai rien !

Sa mère s'éloigna d'un pas vif, laissant sa fille ruminer son échec. Le bruit des sabots sur la terre sèche confirma le départ de Marguerite. Fauve se retourna au moment où la silhouette de la cavalière disparaissait derrière les arbres de la forêt.

Chapitre 19

— Bon, ta mère ne dira rien. Les policiers non plus, elle a dû transmettre la consigne de ne rien laisser filtrer. On devrait s'introduire chez Biz la nuit. Il doit avoir noté l'adresse de ses contacts toxis quelque part, tu ne crois pas ? suggéra Lila.

— Tout a déjà été ratissé chez lui, à mon avis… Il faut qu'on trouve un autre moyen ! répliqua Fauve.

Les deux amies s'étaient enfoncées dans la forêt pour discuter plus librement de leurs plans. Soudain, une voix retentit au-dessus de leurs têtes.

— Moi, j'en connais un, de moyen !

Surprises, elles levèrent les yeux. Perché sur l'une des épaisses branches d'un vieux chêne, Olive les gratifia d'un sourire en coin. Il tenait un joint éteint entre ses doigts fins, et balançait ses jambes malingres avec nonchalance.

— Putain, tu nous as foutu les jetons ! l'apostropha Lila avec sa gouaille habituelle.

— Allez, descends, Olive ! Tu nous expliqueras ton idée lumineuse. J'espère que tu ne te fous pas de nous, ajouta Fauve.

Elle ne faisait pas vraiment confiance au meilleur ami de son petit frère. À sa connaissance, Olive n'avait jamais démontré de talent particulier pour quoi que ce soit... Elle trouvait déjà miraculeux qu'il ait une idée, si fumeuse soit-elle...

L'adolescent descendit avec souplesse de son arbre. Il épousseta son sarouel, geste qui ne permit pas d'effacer les nombreuses taches qui le maculaient. D'un marron crasseux, Fauve avait du mal à imaginer la couleur d'origine du tissu. D'un mouvement de la tête, il rejeta ses longues dreadlocks brunes derrière ses épaules. Elles avaient l'air d'abriter leur propre écosystème. Elle fit la moue, dégoûtée par l'hygiène douteuse du jeune homme.

Olive lui lança un regard goguenard. Apparemment, sa réaction l'amusait. Il désigna un amas de grosses pierres à quelques mètres, puis alla s'asseoir sur l'une d'elles. Partisan du moindre effort, se dit Fauve. Elles firent de même.

Ménageant ses effets, il sortit très lentement un petit carnet de l'une des grandes poches de son pantalon.

— Qu'est-ce que c'est ? demanda Lila.

Olive haussa un sourcil.

— Ceci... est l'agenda de Biz..., annonça-t-il avec solennité. C'est là-dedans qu'il notait tous ses rendez-vous, personnels ou professionnels....

Fauve lui arracha le carnet des mains.

— Tu te fous de nous ?! Où as-tu trouvé ça ? Pourquoi l'as-tu gardé au lieu de le donner à la police ?

Elle feuilleta rapidement le journal, mais l'écriture en pattes de mouches du dealer était presque illisible.

— La police ? Bah, la police avait l'air de très bien savoir où se trouvaient les contacts de Biz… Trop bien informée pour être honnête, selon moi ! Par prudence, j'ai préféré garder le carnet…

— Pourquoi ? Il contient des informations que la police ignore ?

Fauve avait envie de secouer l'adolescent pour lui faire cracher tout ce qu'il savait. Olive s'en rendait visiblement compte, mais n'avait pas l'intention de tout révéler. En tout cas, pas tout de suite. Il lui jeta un regard de conspirateur, et, après un bref silence, ajouta :

— C'est possible…

— T'arrêtes de nous faire tourner en bourrique, petit con ?! s'enflamma Lila, qui était aussi remontée que son amie.

— Ouais, ça suffit ! Et tu l'as trouvé où, ce cahier, d'abord ? ajouta Fauve en empoignant le col de sa tunique.

Il se dégagea avec humeur. Une bouffée de colère s'échappa de l'adolescent pour venir électriser la peau de la jeune femme. Puis, après un petit moment, il se ressaisit.

— Oh, ça va ! Pas la peine de s'énerver, Biz me l'a confié juste avant de se faire buter… Il avait l'air inquiet. Il m'a dit de ne faire confiance à personne, de le garder en lieu sûr. C'est ce que j'ai fait jusqu'à maintenant.

— Mais pourquoi te l'a-t-il donné ? À toi ? Tu le connaissais bien ?

Fauve était déconcertée. Olive haussa les épaules.

— Non, je n'en sais rien. Peut-être parce qu'il savait que j'étais proche de Matis, et que je ne le donnerais pas aux flics.

— Et pourquoi tu nous le montres, à nous ? s'exclama Lila.

— Depuis que j'ai lu le contenu de l'agenda, je sais qu'il se trame quelque chose de très louche. Vous savez sans doute que Biz refourgue des marchandises toxies sous le manteau ? De la nourriture, des petits appareils électroniques, des bouquins... Rien de très dangereux. Mais il y a quelques mois, il a commencé à distribuer des « pilules ».

— Des pilules ? Tu veux dire de la drogue ?

— Je ne sais pas ce que sont ces pilules exactement, ce n'est pas décrit.

— Tu crois qu'il s'agit du remède dont parle Bastien dans son message ? demanda Fauve, tout ouïe.

— Non, ça ne colle pas. Il a dit que les Sensis disparus n'étaient pas encore guéris. De toute façon, je suis sûr que ce message n'est qu'un tissu de mensonges ! Je veux tirer tout ça au clair, c'est pour ça que je vais venir avec vous !

Lila éclata d'un rire nerveux. Fauve referma le cahier d'un coup sec pour dévisager Olive.

— Tu plaisantes ?

Le jeune homme rougit, vexé par leurs réactions.

— À ton avis ? Matis est comme un frère pour moi ! Et même plus que ça... Je le connais sans doute beaucoup mieux que toi ! Tu crois que je vais rester les bras croisés, pendant que vous vous lancez à sa recherche ?! s'indigna-t-il.

Il s'était relevé pour faire face aux deux jeunes femmes.

— Excuse-moi, mais je ne t'imagine pas trop en aventurier, dit Lila en faisant la grimace. T'es plutôt *peace and love*, comme mec, non ?!

Il secoua la tête, puis reprit le carnet des mains de Fauve d'un geste vif. Elle tenta de le récupérer, mais il recula en la poussant de sa main gauche.

— Pff, vous croyez me connaître, mais vous ne savez rien ! s'écria-t-il d'une voix rageuse. De toute façon, vous n'avez pas le choix : si vous ne m'embarquez pas avec vous, je ne vous donne pas le carnet. Je partirai tout seul, et tant pis pour vous !

Fauve sentit qu'il était sérieux. Son attitude l'étonnait. Jamais elle ne l'avait vu se mettre dans un état pareil. Il était d'ordinaire si placide... De plus, il s'était révélé plus malin qu'elle ne le pensait.

— OK, OK, n'en fais pas tout un foin ! souffla-t-elle.

— Il y a une autre condition si vous voulez avoir l'agenda, lui répondit Olive.

— On t'écoute.

— Je veux que Pierre vienne avec nous. Il est fort et perspicace. On aura besoin d'un mec comme lui !

Les deux copines échangèrent un long regard.

— Je sais que vous avez des différends, tous les deux, dit Lila au bout d'un moment. Et puis, tu sais tout le mal que je pense de lui... Mais... même si ça me fait mal au cul, je dois quand même admettre qu'il est plutôt balèze, le gars ! Tu te rappelles, en cours de sport ? Et puis, il a failli être flic, non ? Il a peut-être raison, le nain...

— Ne m'appelle pas le nain ! se plaignit Olive.

— OK, le nabot, répondit Lila du tac au tac.

Sans tenir compte des chamailleries de ses camarades, Fauve trancha :

— C'est hors de question.

Deux heures plus tard, Pierre avait rejoint leur groupe. Fauve ruminait dans son coin, tandis que les trois comparses échafaudaient des plans pour leur faire quitter le village discrètement. Pierre était ravi de participer à une telle expédition. Il l'ignorait superbement, alors qu'elle s'était isolée à quelques mètres du trio. Le tas de pierres sur lequel ils s'étaient assis plus tôt faisait office de QG. Son ex s'était naturellement positionné comme leader, les deux autres buvaient ses paroles. Même Lila. Il avait plein d'idées. *À croire qu'il planifiait déjà de partir depuis un petit moment,* le suspecta la jeune femme. Après avoir expliqué ses projets et obtenu l'approbation de tous (sauf celle de Fauve, mais personne ne lui demandait son avis), il annonça que le départ aurait lieu dès le lendemain à l'aube.

— Plus on attend, plus ça risque d'être compliqué, affirma-t-il. Je m'occupe de tout préparer. Reposez-vous bien, car la journée de demain va être intense !

Chapitre 20

Fauve se réveilla au matin avec la désagréable sensation d'avoir seulement cligné des yeux. Sa main cogna le réveil mécanique d'un geste machinal. Réflexe suivi d'un grognement tout aussi machinal.

L'insomnie avait fini par laisser la place à un sommeil fiévreux, peuplé de Toxis aux faces sombres, armés de longs revolvers. Son corps nu était couvert de sueur, sa gorge sèche et ses muscles courbaturés.

D'un bond, elle se dressa sur son séant, puis ouvrit les yeux en grand dans la pénombre. Ses esprits recouvrés, elle se souvenait de la cause, à la fois de sa nuit mouvementée et de la sonnerie de son réveil.

Le départ était imminent. La peur serra de sa poigne de fer ses entrailles. Dans son imagination, la forêt de béton et de verre dardait ses immeubles telles d'immenses lames acérées.

Et eux, fragiles Sensis, allaient courir s'empaler dessus, sans arme ni protection... Il fallait être fou !

Peu à peu cependant, une ferme résolution prit le pas sur son angoisse. Matis avait besoin d'elle. Allait-elle laisser tomber son jeune frère, le laisser entre les mains de savants fous, ou, pire, de Bastien ? Certainement pas ! Était-ce de l'inconscience, ou du courage ?

— Seul l'avenir le dira, se dit-elle.

Elle ne voulait pas se l'avouer, mais une cause plus profonde la poussait dans cette fuite en avant... Le village était un bocal dans lequel elle manquait d'air. Sa vie faisait du surplace. Fauve avait soif d'adrénaline. Soif de connaissance. Soif d'inconnu.

La jeune femme craqua une allumette pour enflammer la bougie posée sur sa table de chevet, puis jeta un œil au cadran de son réveil. 5 h 30.

Elle se glissa hors du lit, puis se posta devant le large miroir accroché au mur de sa chambre. À la pâle lueur de la flamme, elle détailla son corps en tenue d'Éden. Ses courbes étaient flattées par la chaude lueur orangée.

Quant à son visage, il semblait perdu au milieu de sa crinière rousse, hirsute. Ses traits étaient bouffis ; ses yeux se réduisaient à deux fentes. Elle n'avait jamais autant mérité de s'appeler Fauve. Un reniflement sous ses aisselles lui confirma qu'elle en avait aussi l'odeur.

Après une douche express et un petit déjeuner frugal, elle glissa quelques affaires dans un sac. Puis, quitta sa maison. Non sans un dernier regard en arrière, déjà empreint de nostalgie pour ce cocon qui avait été son refuge pendant ses premières années d'adulte.

Une période émaillée de quelques éclats de rire, mais aussi et surtout de beaucoup de chagrin. Pierre en était bien sûr le déclencheur principal.

J'espérais tant m'éloigner de lui en quittant le village. Apparemment, le passé a décidé de me coller aux basques ! regretta-t-elle en fermant la porte de sa demeure.

Le temps que Fauve traverse le village, le chapeau doré du soleil coiffait le toit des maisons. La température montait de minute en minute. L'odeur du pain chaud chatouilla les narines de la promeneuse quand elle dépassa le fournil du boulanger. C'était l'un des rares villageois à être déjà debout.

La jeune femme toqua à la porte de la maison de Pierre. Ce dernier ouvrit presque aussitôt, puis s'effaça pour la laisser entrer sans lui jeter un regard.

— Bon, on est au complet, déclara-t-il sans ambages en se tournant vers les deux autres membres de l'expédition, assis autour de la massive table en bois du salon. Ils sirotaient du jus de fruits.

— Bonjour quand même, réagit Fauve d'un ton glacial, piquée au vif par l'impolitesse de son ancien amant.

Pierre lui jeta un regard indéchiffrable.

— Fauve, je crois qu'il faut qu'on ait une petite conversation, finit-il par déclarer. Suis-moi.

Le duo s'isola dans la cuisine. La jeune femme guetta du coin de l'œil la présence du furet, mais a priori, il était absent. Sans doute occupé à rompre le cou de quelque musaraigne.

— Bon, il va falloir qu'on crève l'abcès tous les deux, sinon l'expédition va être intenable ! s'exclama-t-il, les mains appuyées sur la table.

— Je crois qu'il a déjà été crevé lors de notre discussion dans les bois, répliqua-t-elle. Tout a été dit !

Elle se tenait devant la porte, les bras croisés et le visage buté. L'homme, écrasé par les paroles de son interlocutrice, se laissa tomber sur une chaise. Il soupira bruyamment, puis se frotta les yeux.

— C'est vrai que je me suis un peu emporté la dernière fois, admit-il. Mais tu m'avais provoqué !

Son regard noir, farouche, se planta dans le sien.

— J'en ai marre de prendre des gants, répliqua Fauve sans se démonter. Il fallait qu'on tranche dans le vif ! Maintenant qu'il est clair que notre relation est condamnée, j'ai envie de tourner la page. De mettre de la distance entre nous. Mais ce n'est pas possible, apparemment !

Pierre passa la main dans ses cheveux bruns. Des gouttes de sueur perlaient sur son front plissé.

— Tu crois que j'ai voulu vous suivre pour être avec toi ? s'étonna Pierre.

— Non, bien sûr que non ! Je ne suis pas bête, je sais bien que tu n'en as rien à faire de moi ! répondit Fauve d'une voix sèche.

— Tu es trop dure, là. Tu es quelqu'un d'important pour moi... et tu le seras toujours !

Fauve constata qu'elle l'avait blessé au ton de sa voix.

— Écoute, je suis prête à faire des efforts, avança-t-elle, adoucie par la réaction de Pierre. Mais tu as intérêt d'en faire aussi ! Et ne t'attends pas à ce qu'on soit amis, ou quoique ce soit d'approchant...

— Je suis désolé qu'on en arrive là, s'excusa son ex-amant.

— Oui, moi aussi, approuva-t-elle avec de l'amertume dans le cœur.

Ils retournèrent au salon après cette pseudo-réconciliation. Lila sonda le regard de sa complice quand elle s'assit à ses côtés, mais Fauve se contenta de lui glisser un « plus tard » dans l'oreille.

— Bon, je vous annonce qu'on va pouvoir partir ce matin, avertit Pierre. Le plan s'est déroulé comme prévu.

Lila et Olive le félicitèrent.

— C'était quoi, déjà, ce plan ? demanda Fauve.

La veille, elle n'avait prêté qu'une oreille distraite aux élucubrations du jeune homme. La colère vampirisait alors son esprit. Sans lui en tenir rigueur, Pierre expliqua ses préparatifs.

— Comme tu le sais, j'ai suivi quelques mois la formation pour devenir policier. Jusqu'à... enfin, tu sais bien. Bref, j'ai fréquenté pendant les cours un certain Yves. Tu le connais sans doute de vue, il écume les bars du village tous les soirs ou presque. C'est un grand type chauve, fort en gueule, qui paye des coups quand il ne distribue pas des claques.

— Ouais, je vois. C'est l'un de tes amis ? Il ne m'a pas l'air très fréquentable.

— Oh, il ne faut pas se fier aux apparences ! Une fois qu'on le connaît, on se rend compte que c'est un homme simple et généreux, qui a le sens de l'amitié. Mais revenons à nos moutons. Ce gars m'était redevable d'un service, et j'ai décidé de m'en servir hier. Il est maintenant gardien de la paix. Il a donc accès au local de stockage des équipements dont ont profité Bastien et ses acolytes. Il m'a prêté la clé sans poser de questions, même si ce geste va sans doute entraîner une enquête interne par la suite...

— Pourquoi t'était-il redevable ? demanda Fauve.

— Oh, il s'était mis dans une situation délicate à cause d'un excès d'alcool. Je l'ai couvert auprès de l'instructeur, tout simplement, éluda Pierre en agitant la main.

Il souleva quatre gros sacs à dos, desquels pendaient des chaussures. Puis les posa sur la table sans délicatesse.

— Là-dedans, il y a tout le nécessaire pour survivre en milieu toxi. De l'argent, des déguisements, des adresses utiles, et même un guide... On regardera tout ça en détail plus tard. J'y ai ajouté de la nourriture, et de l'eau bien sûr. Il reste un peu de place pour quelques affaires personnelles, mais il va falloir trier et ne prendre que ce qui vous semble essentiel !

Lila souffla, dépitée.

— Des questions ?

— Comment allons-nous nous rendre en ville ? C'est quand même loin d'ici ! demanda Olive, de toute évidence effaré par la distance à parcourir.

Pierre sortit une clé de sa poche et l'agita devant lui.

— J'ai aussi piqué la clé de la dernière voiture électrique du village ! Je ne sais pas encore si on va tenter de passer les barrages électromagnétiques avec, ou si on la laisse avant pour tenter notre chance à pied...

— On a moins de chances de se faire repérer à pied, non ? s'enquit Lila. Il y a moins de contrôles sur les piétons, il me semble...

— Le problème est que le premier barrage est fixé sur la voie rapide, à plusieurs kilomètres de la ville. Ça va nous ralentir.

— Il n'y a pas de temps à perdre, s'exclama Fauve.

— OK, OK, on va le tenter en « charrette », abandonna Lila à contrecœur.

La peur qui émanait de son amie lui donna le frisson. Chacun acheva de remplir son sac à dos avec ses effets personnels. Dans un silence religieux, et sans un regard curieux sur les affaires des coéquipiers.

— Ça y est ? s'enquit Pierre avec impatience. Bien. Si vous êtes d'accord, allons-y ! Nous enfilerons nos déguisements dans les bois.

— Méchants Toxis, prenez garde, nous partons à vos trousses ! blagua Olive.

Ses acolytes levèrent les yeux au ciel. Le visage tendu, les sens en éveil, ils s'enfuirent d'Argoat à pas de loups.

Chapitre 21

— C'est dans ce tas de boue qu'on est censés rejoindre la ville ?! se plaignit Olive, avant de tirer longuement sur son joint.

La fumée l'enveloppait tel un manteau vaporeux.

— Viens nous aider à dégager la voiture des branchages, au lieu de te droguer ! s'exclama Fauve d'un ton excédé.

Le véhicule était camouflé sous une épaisse végétation, à l'abri d'une clairière ombragée. Le soleil tapait déjà fort. D'après son inclinaison dans le ciel, la jeune femme déduisit qu'il devait être 7 h 30. Logiquement, ils avaient un peu de temps devant eux avant que leur disparition soit découverte par les villageois.

— Ouais, le nain, bouge-toi le cul ! renchérit Lila de son langage fleuri.

— Vous feriez mieux de prendre une taffe, ça vous détendrait !

Pierre jeta un regard noir à l'adolescent, qui se tortilla, soudain mal à l'aise. Ce dernier jeta puis écrasa le mégot à terre avec le talon. À contrecœur, Olive arracha à son tour le lierre qui s'était entortillé autour de l'engin. Peu à peu, la carrosserie, d'un gris sale, se dévoilait.

Le quatuor avait revêtu des imitations de joggings et sweat-shirts à capuches. La contrefaçon était grossière, mais pouvait faire illusion de loin. Le tissu était le même que celui de leur tenue habituelle, mais les teintures singeaient celles des habits toxis. En revanche, leurs pieds étaient encore nus. Les Sensis repoussaient le moment de chausser ce qu'ils considéraient comme des entraves.

Après un dernier coup de chiffon, Pierre se frotta les mains, satisfait. Le véhicule n'avait pas fière allure, mais il ressemblait aux images de leurs manuels scolaires. C'était manifestement le but.

— Ça va aller ! J'imagine que je suis le seul à savoir conduire une voiture ?

Fauve leva les yeux au ciel, mais le jeune homme ne remarqua rien. Il déverrouillait déjà la portière. Ses compagnons hésitèrent à monter à bord, impressionnés par l'habitacle de la « charrette » à moteur. Pourtant, l'équipement était réduit à l'essentiel, pour ne pas trop parasiter les sens de ses passagers. Pas d'ordinateur de bord, de climatisation, d'autoradio… Les sièges avaient été recouverts d'un épais lainage couleur crème, qui empestait le chien mouillé. Fauve monta la première à l'arrière. Elle s'installa sur la banquette, suivie par sa meilleure amie. Olive se glissa à la place du mort, suivi par un effluve persistant de cannabis. Au moins, l'odeur couvrait celle de l'humidité. Ils enfilèrent les chaussures en grognant.

Pierre enfonça la clé dans le démarreur, mais quand il la tourna, rien ne se produisit.

— Ah merde ! s'écria-t-il en cognant le volant de ses poings. Il faut qu'on la recharge un peu au soleil. Elle est restée trop longtemps isolée sous les végétaux.

— Combien de temps ? s'exclamèrent-ils à l'unisson.

— Bah, il faut juste un peu d'énergie pour démarrer le moteur et parcourir les premiers kilomètres. La batterie aura assez de jus dans une dizaine de minutes, je pense. Les panneaux photovoltaïques récoltent l'énergie du soleil, même par temps couvert, à une vitesse folle. Normalement, pas besoin de faire de pause, le véhicule peut rouler indéfiniment. Il suffit de le laisser dehors, exposé aux rayons solaires. Bon, on va pousser la voiture par là, en plein cagnard. Ça ira plus vite !

Comme prédit par Pierre, l'auto démarra quelques minutes plus tard. En silence, le véhicule quitta la clairière escarpée. Secoués comme des pruniers, les passagers s'accrochaient où ils pouvaient. Grâce à son don, Fauve constata avec soulagement qu'elle n'était pas la seule à avoir peur.

— Putain, on va tous mourir dans cette carriole en fer !

Lila venait de résumer l'état d'esprit général. Seul Pierre gardait son sang-froid, concentré sur la conduite. C'était du moins l'impression qu'il donnait. Le conducteur fit grincer le pommeau de vitesse par deux fois, mais parvint à les mener sans encombre sur la route. Fauve devait reconnaître que l'entraînement suivi par son ex-amant leur était très utile.

Sur la voie rapide, des bolides les doublaient constamment. Certains vrombissaient comme un essaim d'abeilles enragées. Sans doute des voitures à combustible. Une sourde douleur commençait à s'insinuer dans leurs crânes.

— Arrêtez de sursauter comme ça, je vais finir par faire des conneries ! s'emporta Pierre, la mâchoire serrée. Jetez plutôt un œil au guide qui se trouve dans votre sac. Je ne me souviens pas trop du fonctionnement des barrages électromagnétiques. Ni de leurs emplacements. On a une soixantaine de kilomètres à parcourir. Le premier ne doit pas être loin !

— Oh calme-toi, colonel ! réagit Lila, qui n'aimait pas qu'on lui donne des ordres, surtout sur ce ton-là. OK, tu t'y connais mieux que nous, mais ce n'est pas une raison pour jouer au petit chef !

— Désolé, grommela Pierre entre ses dents. Auriez-vous l'extrême amabilité de bien vouloir regarder les instructions du guide ?

Le ton était légèrement railleur.

— Pauv' type ! souffla Lila.

Dans une ambiance tendue, Fauve et Lila se plongèrent dans la lecture du carnet. Tant bien que mal, car lire leur donnait la nausée. Olive était quant à lui dans la lune, absorbé par le paysage qui défilait à grande vitesse.

— Ça y est, on a trouvé le passage qui nous intéresse, finit par déclarer Fauve.

« Les barrages diffusent des ondes électromagnétiques dont la fréquence est insupportable pour les Sensis. Chaque voiture doit franchir un poste de contrôle sans encombre. Des détecteurs mesurent la fréquence cardiaque pour s'assurer que les ondes n'ont aucun effet sur les passagers. Seule une méditation profonde permet de supporter cette épreuve. Le plus difficile est de contrôler les battements de son cœur. La tâche est encore plus complexe pour le chauffeur, qui doit gérer aussi la conduite. »

— Super..., marmonna Pierre.

— Attendez, ce n'est pas tout. Il y a une note en bas de page...

« Si, malgré tous vos efforts, vous risquez d'être découvert, ouvrez la petite poche située sur le côté gauche de votre sac à dos. Gobez la pilule, vous ne ressentirez plus aucune douleur pendant environ une heure. Vous n'en possédez qu'une, utilisez-la à bon escient. »

Fébrilement, ils cherchèrent dans leurs sacs et découvrirent une minuscule boîte en bois, l'ouvrirent.

— Putain, c'est quoi ce délire ! La pilule est bleue ! s'exclama Lila.

— Je ne crois pas aux coïncidences, dit Fauve. C'est forcément la même gélule dont parlait Biz dans son agenda... Ça veut dire que...

— Pas le temps d'y réfléchir, l'interrompit le conducteur d'une voix affolée. On vient de dépasser un panneau... Le barrage est dans deux kilomètres !

Chapitre 22

Devant eux, les voitures ralentissaient. Leur véhicule, sale et d'un design proche du pot de yaourt, attirait les regards curieux des autres conducteurs. Les Sensis tentaient malgré tout de se plonger dans un état méditatif. Difficile de chasser le stress et la peur cependant.

Enserrés de tous côtés par des engins polluants et « connectés », la sensibilité du groupe était également mise à rude épreuve. L'habitacle était un vrai sauna, mais ils refusaient de laisser entrer plus de gaz d'échappement en ouvrant les vitres.

La douleur pilonnait leurs crânes, la lumière agressait leurs rétines, la nausée soulevait leurs estomacs. Il leur fallait pourtant atteindre la transe. À tout prix.

— Là, je vois le barrage ! avertit Pierre.

Il jeta un regard inquiet dans le rétroviseur intérieur. Fauve le croisa, miroir de sa propre crainte.

Au-dessus de la tôle automobile, les toits de petites cabanes blanches se détachèrent nettement du ciel azur. De forme cubique, elles contrôlaient des barrières automatiques rouges, qui se levaient à intervalles réguliers. Dans le ciel, des drones décrivaient des cercles au-dessus des véhicules, tels des faucons guettant leurs proies.

— Putain, on dirait que j'ai un pivert dans la tête, grinça Lila. Ça tape dur !

Leur mal de tête s'amplifiait à mesure qu'ils approchaient du barrage. Pierre avait de plus en plus de mal à conduire. L'auto cala plusieurs fois. Elle avançait cahin-caha vers les barrières, guillotines écarlates qui se levaient et s'abaissaient à un rythme de métronome. Était-ce le sang de Sensis décapités qui maculait ces juges implacables ? L'esprit de Fauve divaguait.

Le poids des regards était désormais palpable. Il provoquait de désagréables démangeaisons dans la nuque de Fauve. Comme assaillie par des milliers d'épines, la jeune femme ferma les yeux, les mains sur les oreilles.

Concentre-toi, s'adjura-t-elle. *Ne te laisse pas distraire. Inspire le mal, attire-le dans ta gorge. Expire. Rejette-le loin de toi. Inspire le mal. Expire le mal. Inspire. Expire.*

Au bout de quelques respirations, la souffrance se mit en sourdine. Toujours présente, mais mise au second plan grâce à son état de conscience modifié. Son cœur ralentit sa course folle.

Elle ouvrit les yeux. Regarda ses compagnons d'infortune. Les paupières de Lila et d'Olive étaient closes. De la sueur perlait de leurs fronts, mais leurs cages thoraciques se soulevaient lentement, preuve de l'efficacité de leurs transes.

Quant à Pierre, il haletait.

— Ressaisis-toi, murmura Fauve. On arrive au barrage. Il ne reste que deux voitures avant nous !

L'homme sursauta, puis se tourna vers elle. Il était au bord de la panique. Son visage tanné par le soleil était humide, ses lèvres tremblaient.

— Je n'y arriverai pas !

Sa nervosité était contagieuse, si bien que Fauve dut faire une pause dans leur conversation.

Inspire. Expire. Voilà.

— Respire avec moi, lui glissa-t-elle d'une voix douce. Prends ma main. Oui, c'est ça. Concentre-toi sur ton souffle.

Il avait fermé les yeux pour faciliter le laisser-aller. La voiture qui les devançait franchissait à présent les quelques mètres qui la séparaient du poste de contrôle. Sur sa droite, Fauve vit un drone changer de trajectoire pour venir dans leur direction.

Ça y est, on est repérés, susurra une voix dans son crâne. *Ils vont nous arrêter. Nous emprisonner. Nous tuer ?*

Elle savait que les Toxis étaient sans pitié quand leur sécurité était compromise. Mais oseraient-ils les supprimer, purement et simplement ? Il y avait déjà eu des précédents...

Pierre avait rouvert les yeux. Son halètement avait repris de plus belle.

— Putain, on est découverts, s'écria-t-il.

Ces paroles réveillèrent Olive et Lila en sursaut.

— Non, continuez l'exercice ! Sinon on est définitivement grillés ! leur ordonna-t-elle d'un ton ferme. Pierre, écoute-moi. Prends la pilule. Avale-la tout de suite ! C'est notre dernière chance.

Il s'exécuta sans protester.

Le drone s'approchait encore, il n'était plus qu'à quelques mètres de leur voiture. Les pales de son hélice vrombissaient comme les ailes d'un gros bourdon. Un voyant rouge clignotait sur sa face inexpressive de robot.

La barrière s'éleva pour laisser passer l'auto devant eux. Puis se referma d'un coup sec.

Inspire. Expire.

Fauve donna le signal.

— Maintenant, avance ! Que Gaïa nous protège !

Le véhicule avança très lentement vers l'échafaud. Têtes ployées, les quatre Sensis attendaient la sentence. Le silence et le calme régnaient à présent dans la voiture. Résignés, ils fixaient la barrière. Pierre arrêta le véhicule à quelques centimètres du portail rouge. Ce dernier ne bougea pas d'un cil. Le bourdonnement du drone se fit plus sonore. Le quatuor ne le voyait plus, il était vraisemblablement juste au-dessus de leurs têtes.

— C'est fini, soupira Pierre. Je suis désolé, c'est de ma fau...

Il ne put achever sa phrase. Bouche bée, il observa la barrière s'ébranler. Puis s'élever vers le ciel.

Chapitre 23

— Rends-le-moi, sorcière ! s'exclama Olive quand Lila lui arracha le joint des mains.

Le briquet solaire heurta la boîte de vitesse dans sa chute.

— Attention ! grogna Pierre sans quitter la route des yeux.

L'adolescent se tourna pour récupérer son bien, mais la jeune femme réussit à éloigner le bras qui s'escrimait pour l'atteindre.

— T'es taré ou quoi, le nabot ? Tu sais qu'on risque de se faire arrêter par les Toxis rien qu'à cause de ta putain de drogue ?! Et puis mes poumons sont déjà assez encrassés par les gaz d'échappement de ces poubelles ambulantes !

Lila toussa pour illustrer ses propos, puis tourna à grand-peine la manivelle fixée sur la portière. La vitre s'abaissa en grinçant, accompagnée d'une multitude de débris végétaux. L'air s'engouffra alors avec violence dans l'habitacle. Jamais les Sensis n'avaient entendu un tel bruit de soufflerie. Impressionnée, Lila glissa tout de même, d'un geste rapide, le pétard dans l'interstice. Sous le regard impuissant du garçon, il disparut aussitôt. Elle remonta la vitre illico pour stopper le rugissement du vent.

— Putain ! ragea le jeune homme.

Il cogna son front contre l'appuie-tête.

— J'ai bien mérité une petite récompense, non ? Vous auriez pu aussi tirer quelques taffes, ça ne vous aurait pas fait de mal ! Faut se détendre un peu ! Après tout, ce n'est pas moi qui ai failli tout faire foirer...

Pierre ne réagit pas, à la grande surprise de Fauve. Inquiète, elle choisit de ne pas répondre à la provocation d'Olive.

— Comment te sens-tu ? glissa-t-elle au conducteur d'une voix douce, la main sur son épaule.

Ce geste affectueux ne provoqua aucune réaction.

— Très bien, répondit Pierre d'une voix calme. Rien de particulier, si ce n'est que je ne ressens plus aucune douleur.

— T'en as de la chance, bougonna Lila. Moi, je suis au bord de l'implosion !

— Pareil, reconnut Fauve. On l'a échappé belle tout à l'heure ! La pilule a fait de l'effet tout de suite, c'est fou, non ?

— Je confirme, c'est très efficace, approuva le pilote. Je suis plus zen qu'après une partie de jambes en l'air avec toi, Fauve, ajouta-t-il avec indifférence.

Elle lui asséna une tape sur l'épaule, surprise et mal à l'aise par ses propos. Il haussa les épaules en réaction.

— On pourrait gober les pilules restantes pour être sûrs de franchir la prochaine étape, suggéra Lila.

Son amie était à présent presque aphone.

— C'est une idée, réfléchit Fauve... Mais je me dis qu'on pourrait en avoir besoin plus tard...

Un bolide jaune poussin les doubla à une vitesse folle. L'effet boomerang ne se fit pas attendre : des ondes nocives cinglèrent le cerveau des Sensis. Les coups de fouet électromagnétiques se multipliaient à mesure que la circulation se densifiait. Téléphones portables, GPS et autres gadgets embarqués agressaient sans relâche leurs organismes fragiles. L'épreuve était encore plus pénible pour Fauve. Sa mâchoire se crispa quand une nouvelle décharge électrique attaqua son épiderme.

Je ne vais pas tenir longtemps.

— Nouveau panneau, avertit Pierre. On arrive à Rennes dans trente kilomètres. Donc le dernier barrage n'est sans doute pas loin.

Olive bondit de son fauteuil, comme piqué par une vive. Il se tourna vers les deux jeunes filles, le visage résolu. Fauve venait d'attaquer ses ongles avec ses dents ; son amie se raclait bruyamment la gorge.

— Tu veux nous faire fumer ton truc, c'est ça ? devina Fauve.

— Tu vois d'autres solutions ? Et toi, une autre idée ? interrogea-t-il en plantant un regard provocateur dans celui de Lila.

Cette dernière secoua la tête.

— OK, vas-y, lâcha-t-elle dans un soupir.

Olive farfouilla dans le sac à dos posé à ses pieds. En extirpa un sac en papier de taille respectable, bien bombé. Une odeur puissante, suave et très aromatique chatouilla aussitôt leurs narines. L'adolescent préleva deux grosses fleurs vertes, de forme ovoïde, puis entreprit de les effriter au-dessus de la feuille.

— Ce sont des « têtes » de cannabis, expliqua-t-il, concentré. C'est là-dedans qu'il y a le plus de THC. Le but est d'être défoncé le plus vite possible. Avant d'arriver au barrage. C'est du chanvre de haute qualité, cultivé avec amour... Que certaines se permettent de bazarder sur un coup de tête, plutôt que de savourer son arôme délicat et...

— Oh, ça va, tu vas nous faire pleurer, railla Lila d'une voix rauque. T'as bientôt fini ?

Même résignée et morte de peur, elle ne pouvait garder sa langue dans sa poche.

La résine, collante à souhait, rendait la tâche difficile. Néanmoins, les doigts habiles du spécialiste roulèrent un énorme joint en un temps record.

Les premiers essais des jeunes filles furent ponctués de plusieurs décollements de bronches. Mais après quelques bouffées, le trio s'enfonça dans la banquette. Stone. La réalité se diluait dans la brume vaporeuse qui les enveloppait. La tête de Fauve, délicieusement anesthésiée, pesait une tonne. Elle se massa les yeux qui cherchaient à sortir de leurs orbites. Ses oreilles ronronnaient en sourdine, un doux murmure, presque une berceuse.

— Il est bon, mon bédo, hein ?! ricana Olive après un coup d'œil dans le rétroviseur intérieur.

Pierre, toujours aussi placide, annonça que le deuxième obstacle était proche. En effet, les autos ralentissaient devant les cabanes cubiques, dépourvues d'ouvertures, mais toutes armées d'un long bras en métal. Ce bras se levait mécaniquement pour laisser passer les voitures, une par une.

Sésame, ouvre-toi, divagua Fauve, les yeux mi-clos.

— Vous êtes prêts ? demanda le chauffeur.

Lui l'était sans doute. Pour les trois drogués, la douleur était toujours présente, mais atténuée, mise de côté dans un coin de leur tête. Leur pouls était lent, tout comme leur cerveau. Le portail écarlate grandissait devant leurs yeux veinés du même rouge. Le drone voletait dans le ciel azur tel un gros bourdon, fidèle à sa tâche de sentinelle. Les mouvements aériens de cet insecte à moteur hypnotisaient Fauve, la tête collée à la vitre froide.

Drôle de ballet...

— On y est presque, murmura Pierre.

Alors que leur tour arrivait, une alarme retentit soudain, cri suraigu qui poignarda leurs tympans et les ramena à la dure réalité. Le drone se mit à clignoter furieusement, avant de foncer droit sur leur voiture. Une voix masculine, autoritaire, s'échappa des haut-parleurs fixés sur le toit des postes de contrôle :

— Sensis, rendez-vous immédiatement ! Sortez lentement de votre véhicule, les mains en l'air. Toute résistance sera sévèrement punie !

L'engin volant n'était plus qu'à quelques mètres de leur moyen de transport.

— Il va falloir courir, dit Pierre d'une voix résolue. À mon top... Maintenant !

Ils ouvrirent les portières à la volée. Fauve aperçut le robot déployer un bras articulé, mais dut lui tourner le dos pour détaler en direction du talus. Les voitures autour d'eux étaient au point mort, bloquées dans le bouchon qui s'était formé devant le barrage. Les Sensis zigzaguèrent entre les véhicules avec l'énergie du désespoir. Des visages effarés les dévisageaient derrière les pare-brise.

Sans doute prient-ils pour que leur voiture fasse bouclier au Sensivirus..., se dit Fauve avec un mélange de compassion et de mépris.

Tout à coup un son étrange bruissa au-dessus de la tête de Fauve. Elle accéléra, le cœur au bord des lèvres. La drogue ralentissait ses mouvements, l'effort était surhumain. Un claquement retentit derrière ses talons, la poussant à tourner brièvement la tête. Le filet, lancé par le drone, avait manqué sa cible d'un cheveu. Il gisait au sol derrière la jeune femme. Enfin, tous atteignirent le talus, puis sautèrent par-dessus la barrière de sécurité. La nature leur tendait les bras sous la forme d'un bois touffu et sombre. Un univers qu'ils connaissaient et qui les aiderait à semer leurs attaquants.

L'engin les poursuivit, suivi par l'un de ses frères, mais les arbres, fougères et autres végétaux gênaient leur progression. Les filets s'entortillaient autour des troncs et des branches. À bout de souffle, mais entraînés, les Sensis réussirent à creuser la distance entre leurs poursuivants et eux. Pierre désigna un champ qui perçait sur leur gauche. D'un mouvement brusque, ils bifurquèrent puis plongèrent dans la forêt de maïs.

Immobiles, ils entendirent le bourdonnement s'amplifier. Jusqu'à devenir très sonore. Pour enfin s'atténuer progressivement. Et disparaître comme par magie.

Chapitre 24

Ils restèrent un long moment planté dans le champ, plus statiques que les hautes tiges qui se balançaient au gré du vent. Le doux bruissement des feuilles se mêlait au chant des oiseaux et à la rumeur lointaine de l'autoroute.

Le frugal repas des Sensis, constitué de quelques fruits secs et céréales, fut avalé en quelques bouchées. Olive prit tout de même le temps de préparer son dessert.

— Ça vous intéresse ? proposa-t-il.

À son grand soulagement, ses camarades déclinèrent poliment. Il fuma donc seul sa friandise. Fauve ne voulait plus se sentir embourbée dans de la mélasse, comme lorsque le drone s'était jeté à leur poursuite. Elle pensa soudain à la situation de Pierre. Les effets de la gélule devaient s'être dissipés.

La jeune femme se rapprocha de lui, et fut aussitôt la cible d'une violente décharge électrique qui lui hérissa les poils.

— Qu'est-ce qui t'arrive ? lui glissa-t-elle à voix basse après s'être ressaisie.

— Je ne sais pas. Je me sens... stressé.

— C'est le moins que l'on puisse dire ! hoqueta Fauve. On dirait que la foudre vient de me tomber dessus !

— Ah ? C'est vrai que tu sens un peu le cochon grillé, dit Pierre en souriant.

Il parvenait à plaisanter malgré son anxiété. Elle lui planta son coude dans le ventre, faussement en colère. Ce regain de complicité la revigora.

Tu as la mémoire courte, ma fille. Entre l'amour et la bêtise, la frontière est parfois bien mince ! gronda la voix de la raison.

Mais son corps tenait un autre langage.

— Allez, en route ! décréta Fauve d'un ton résolu.

— Déjà ? geignit Olive. Tu es sûre qu'on ne risque plus rien ?

— Oh, si les Toxis étaient dans le coin, ils nous auraient déjà repérés depuis un moment... grâce à tes signaux de fumée !

D'après l'air hébété qu'il arbora soudain, il n'avait pas pensé à ça.

— On doit traverser des champs et des sous-bois pour atteindre la ville. C'est la direction indiquée par la boussole, annonça Pierre avec une grimace, la bouche tordue par la nervosité.

Le groupe progressa avec une prudence de Sioux à travers champs. Certains étaient nus et arides, ce qui rendait les voyageurs très vulnérables. Nul bourdonnement de drone n'était perceptible néanmoins, ils se détendirent un peu au fil du temps. Fauve goûta l'air chargé de senteurs végétales, apprécia le massage des cailloux sur la plante de ses pieds.

Des rires féminins captèrent soudain son attention. À quelques pas derrière elle, Lila et Pierre échangeaient à voix basse. Son amie gloussait telle une pintade à chaque réponse du jeune homme.

Fauve bouillonna de colère, les poings serrés. Assister à une pareille traîtrise de la part de celle qui avait toujours pris son parti était inimaginable. Et dire qu'elle prétendait le haïr depuis toutes ces années !

Au moment où elle allait les bousculer, fidèle à son tempérament impulsif, une douleur fulgurante traversa son crâne. Ses compagnons stoppèrent leur course, en proie à la même attaque.

Une large route se dessina derrière les arbres et buissons, telle une rivière de goudron. Une voiture verte, caïman des temps modernes, suivit son cours en rugissant. D'autres monstres de tôle lui emboîtèrent le pas dans un vacarme assourdissant.

— Enfilez vos chaussures, ordonna Pierre d'une voix tendue. Il faut qu'on ait l'air de Toxis.

Ils longèrent la voie, dissimulés dans les fourrés, jusqu'à une petite ville du nom de Mordelles.

— On va devoir tester notre couverture, murmura Fauve. Allons-y !

D'un pas craintif et mal assuré, ils marchèrent sur le trottoir si lisse qu'ils avaient le sentiment de marcher sur un lac gelé.

— Ce n'est pas naturel, ce sol, dit Olive d'une voix tremblante.

— Bien sûr que non, on n'est plus dans la forêt, réagit Lila avec agressivité. Si ça te perturbe, le nabot, fais demi-tour et rentre chez toi !

— Taisez-vous ! gronda Fauve. Il y a du monde qui arrive.

Un groupe de trois jeunes gens, face à eux, progressait à vive allure. Ils arboraient des vêtements aux couleurs très vives, mal coupés et ornés de nombreuses breloques argentées. Les adolescents ne lâchaient pas des yeux de petits rectangles lumineux que projetaient leurs montres plates aussi noires et brillantes que des obsidiennes.

Le cœur des quatre Sensis faisait des bonds dans leurs poitrines. Les Toxis arrivèrent à leur hauteur. L'un des garçons leva son visage rond, les yeux écarquillés.

— Eh, les gars ! Regardez ça ! s'exclama-t-il.

Chapitre 25

Les deux autres Toxis suivirent son regard halluciné, braqué droit sur les pauvres Sensis.

— Un Scarabrosse !!

Sans ménagement, le trio bouscula Pierre, Olive, Lila et Fauve. Sans leur prêter attention, ils pianotèrent de leur main libre l'écran virtuel qui flottait devant leurs yeux avides. Au pied d'un lampadaire sale, leur attention était happée par une curieuse masse orange vif, qui sautillait dans le carré lumineux projeté par leurs montres. Ses mouvements affolaient les jeunes, qui suaient à grosses gouttes pour « attraper l'animal », selon les bribes de dialogue perçues par les Toxis.

Fauve était particulièrement intriguée par la scène. Elle voulut s'approcher pour mieux distinguer l'objet de leur agitation, mais ses compagnons saisirent son bras avec fermeté.

Le visage baissé et la peur au ventre, les intrus dépassèrent des maisons blanches aux toits en ardoise, nettes et sans âme. Les demeures cubiques étaient gardées par des rangées de voitures dont la carrosserie luisait au soleil. Ce dernier était brûlant et faisait onduler des mirages à la surface du bitume. Au grand soulagement des Sensis, l'étroit trottoir qui menait vers la place du village était désert.

Les pavillons laissèrent la place, sur leur gauche, à un grand bâtiment en chantier, surplombé par une immense grue. Ce monstre de ferraille les toisait de toute sa hauteur. L'engin leur fit forte impression, mais le quatuor ne s'arrêta pas. Leur comportement était probablement déjà suspect. Ils ne pouvaient réprimer des sursauts dès qu'un véhicule les frôlait.

— Vous avez compris ce qui s'est passé avec ces jeunes ? demanda Pierre au bout d'un moment, à voix basse comme s'ils étaient espionnés.

— Aucune idée... Je crois que la mission va être plus dure encore que ce qu'on imaginait. Ces Toxis ont le cerveau grillé, si tu veux mon avis ! murmura Lila.

Elle tourna son index contre sa tempe pour illustrer ses propos.

— Bah ! réagit Olive d'un ton provocateur. Ça avait l'air d'être un bon trip...

Tous roulèrent des yeux, puis se concentrèrent à nouveau sur leur objectif. Ils devaient trouver un moyen de transport pour rejoindre Rennes, située, d'après leur carte, à une quinzaine de kilomètres de là. Continuer à pied en longeant les grands axes, inévitables à ce stade du périple, était trop risqué. Pierre expliqua que les piétons étaient rares le long de ces routes très fréquentées, et qu'ils ne pourraient pas se cacher.

— Tu as une autre idée ? l'interrogea Olive, qui jouait du bout des doigts avec ses dreadlocks.

— Je ne sais pas encore... Regardez, on arrive au centre !

Il n'y avait pas foule, mais le décor inhabituel intimida les étrangers. Ces commerces, ces voitures, ces personnes inconnues qui les encerclaient ! La sensation était oppressante. Les gaz d'échappement nauséabonds accentuaient le malaise des Sensis, dont la gorge était en feu. Le bruit des quelques moteurs à explosion acheva d'agresser leurs sens.

— C'est un cauchemar, gémit Lila.

Les mains de Fauve tremblaient. Elle se trouvait dans un état de nerf extrême. Une seule chose pouvait apaiser sa tension. Tandis que ses équipiers levaient les yeux pour observer le haut clocher de l'église en briques rouges, la jeune femme repéra un autre chef-d'œuvre d'architecture : une boulangerie-pâtisserie. Attirée comme une guêpe par un pot de confiture, elle s'approcha de la vitrine lumineuse. Oubliant toute prudence, elle colla son visage à la vitre, hypnotisée par un splendide gâteau au chocolat.

Il me le faut, saliva-t-elle.

Son cerveau trouva la solution. Elle ouvrit son sac à dos et en extrait quelques pièces de monnaie toxie.

Loué soit ce kit de survie ! exulta Fauve.

Son excitation retomba quand elle se rendit compte qu'il ne suffisait pas de posséder de l'argent. Jamais elle n'avait pénétré dans une boutique toxie auparavant. La lumière artificielle était agressive, repoussante. Des clients faisaient la queue, le visage maussade. La vendeuse, vêtue d'un tablier rouge écarlate, arborait un sourire figé que Fauve trouva agressif. Elle s'arma néanmoins de courage. Le chocolat était un puissant moteur. Les portes vitrées s'ouvrirent toutes seules quand elle s'approcha. Elle fit un bond en arrière, puis un bond en avant.

Une clochette carillonna. Nouveau sursaut.

Fauve piétina sur place un long moment, en proie à une intense agitation interne. Ses amis lui lançaient à présent des regards paniqués à travers la baie vitrée. Son tour arriva. Elle tenait entre ses doigts moites les pièces métalliques. Une chaleur désagréable commençait à irradier de la paume de sa main. Sans doute une allergie de contact.

— Bonjour, que désirez-vous ?

La vendeuse, une grande femme blonde au visage équin, plissa le regard quand la jeune Sensie se planta devant elle. Ses yeux bleus roulèrent sur son succédané de jogging qui, réalisait à présent Fauve, ne ressemblait en rien aux vêtements portés par les Toxis. Avec des gestes plus que des paroles, la jeune femme parvint tout de même à obtenir une part de l'affriolante friandise en échange des rondelles de métal qui jaillirent presque de ses mains rougies.

Un large sourire envahit son visage quand elle sortit du magasin avec son précieux paquet en main. Il se heurta aux froncements de sourcils réprobateurs de ses compagnons.

— Non, mais t'es malade ou quoi ?! gronda Pierre. Tu vas nous faire repérer.

— Ça en vaut la peine, grommela Fauve.

Le papier fut arraché en quelques gestes experts, et le gâteau mangé avec tout autant d'expertise. Il était, comme son aspect l'augurait, succulent.

Fauve n'eut pas le temps de profiter de cette pause gourmande. À peine la gâterie engloutie, un éclair de douleur mit fin à l'état d'hébétude extatique dans lequel elle se trouvait. La nuque raide et endolorie, la jeune Sensie jeta des regards angoissés autour d'elle.

— Qu'est-ce qui se passe ? s'inquiéta Lila.

— Je... je crois qu'on est repéré cette fois ! Courez !

À quelques mètres d'eux, un homme en kaki, vêtu d'un képi noir, marchait d'un pas vif dans leur direction. Même à distance, son visage dur et sa carrure massive suscitaient la peur. Quand ils s'enfuirent, il dégaina un pistolet et se lança à leur poursuite.

Chassés comme des lapins dans un environnement hostile, les Sensis zigzaguaient dans les rues, entre les voitures qui klaxonnaient à tout va. Un projectile siffla près de l'oreille de Fauve. Elle accéléra. Peu à peu, le groupe distança son poursuivant. Leur vie saine et sportive leur donnait l'avantage de la vitesse, se félicita Fauve. Seul Olive était un peu à la traîne, mais l'adrénaline lui donnait l'énergie de les talonner.

Néanmoins, la course ne pouvait durer éternellement. Alors que le quatuor venait de bifurquer dans une ruelle, Olive s'arrêta net, gêné par un point de côté. L'homme était encore dans la rue précédente, mais ne tarderait pas à réapparaître.

— Psss, venez ! siffla l'adolescent.

Sans réfléchir, les trois autres fugitifs sautèrent à leur tour sous la bâche désignée par leur compère, étendue à l'arrière d'un pick-up blanc. Les Sensis se plaquèrent au sol, immobiles. Une seconde plus tard, les pas de leur poursuivant résonnèrent sur le macadam.

Ne soulève pas la bâche, pria Fauve, le souffle coupé.

Les pas se firent plus sonores. La respiration saccadée du Toxi était désormais audible. Il ralentit. Marqua une hésitation.

Fauve ferma très fort les yeux et serra les poings.

Chapitre 26

Le militaire s'approcha encore davantage du véhicule. Dissimulés sous une bâche noire, le corps des Sensis reposait sur la tôle dure et froide du pick-up. Ils s'étaient jetés pêle-mêle dans cet abri de fortune. Leurs membres douloureux s'entremêlaient dans des positions inconfortables et parfois gênantes. La tête de Fauve se trouvait au niveau de l'entrejambe d'Olive. Elle fit son possible pour oublier cet état de fait et ouvrit grand ses écoutilles.

Leur ouïe surdéveloppée permit aux fugitifs d'entendre des froissements suspects. Les semelles des chaussures du Toxi claquèrent à de nombreuses reprises sur le trottoir, mais les bruits de respiration étaient toujours aussi proches.

— Il nous teste, chuchota Pierre, à peine audible par ses équipiers. Ne bougez surtout pas.

Fauve était de son avis. Elle soupçonnait leur poursuivant d'avoir ôté ses souliers pour les frapper au sol dans une simulation de fuite, dans l'espoir de les voir émerger d'une quelconque cachette.

S'il croit nous avoir avec une feinte aussi naze, il se fourre le doigt dans l'œil !

C'était en effet bien mal connaître les capacités des Sensis.

Le souffle de l'homme diminua en intensité. Dans cette ruelle calme, aucune voiture ne vint troubler le relatif silence pendant d'interminables minutes. Les membres endoloris du quatuor disputaient la vedette à leurs cerveaux malmenés par les ondes délétères des appareils environnants. La peinture corrosive de la voiture agressait leur épiderme sensible. Ils devaient résister à de fortes démangeaisons, accentuées par la chaleur oppressante qui régnait sous l'épaisse bâche.

Depuis leur plus tendre enfance, ils pratiquaient néanmoins la méditation. La transe fut une nouvelle fois salvatrice.

Le Toxi finit par s'éloigner pour de bon, après avoir poussé un long soupir de déception. Le groupe décida par précaution de rester encore quelques minutes caché. Fauve s'autorisa quelques légers mouvements pour placer sa tête à un endroit plus approprié. Des branchages s'enfoncèrent alors sournoisement dans sa peau déjà irritée.

Tout à coup, l'auto émit un son aigu avant de s'ébranler. Un claquement bref les fit sursauter. Puis, la voiture gronda. Des vibrations élancèrent les muscles déjà tétanisés des équipiers. Ne sachant quoi faire, apeurés et terrassés par la douleur, les Sensis demeurèrent prostrés sous la couverture, même quand le véhicule quitta sa position pour rouler vers une destination inconnue.

Après quelques virages tortueux, leur moyen de transport adopta un rythme de croisière. Le bruit du moteur et la vitesse libérèrent la parole des passagers clandestins.

— On l'a échappé belle ! s'exclama Lila d'une voix presque hystérique.

Fauve ne parvenait pas à voir son visage, caché par le corps massif de Pierre. Ce n'était pas plus mal, car elle en voulait toujours à son amie pour son comportement envers son ancien compagnon. Dès que la situation se calmerait, une mise au point s'avérerait nécessaire.

La jeune fille rejeta en arrière une mèche de ses cheveux roux, puis se redressa sur ses coudes. La migraine pulsait toujours au niveau de ses tempes, mais la transe l'aidait à l'apprivoiser. Dans la pénombre, elle croisa le regard inquiet de son ancien amant.

— J'espère que cette voiture va dans la bonne direction, marmotta-t-il. Sinon, on va juste perdre du temps.

— Attends, je vais essayer de voir où on va, lui répondit-elle.

Aidée par Olive qui semblait aussi curieux qu'elle, Fauve souleva un peu la bâche. Juste de quoi glisser un œil pour observer leur environnement actuel. Une file de voitures les suivait à une certaine vitesse, sur une large voie goudronnée. De peur d'être repérée et gênée par les gaz d'échappement de certaines autos, elle rabaissa le pan du prélart.

Au bout d'un certain temps, le rythme du véhicule changea. Les virages, arrêts et accélérations devinrent plus fréquents. Olive prit sur lui de soulever une nouvelle fois la bâche.

— On est en ville, je crois ! s'exclama-t-il d'un ton excité.

— Mais tu peux voir si on est bien à Rennes, ou pas ? insista Pierre d'une voix tendue.

Dans la semi-pénombre de leur étuve, son regard noir se détachait avec netteté. Cet air ténébreux et peu amène constituait la carapace du jeune homme. Une façade qui cachait des blessures et une sensibilité à fleur de peau, que seule Fauve connaissait. Ce qui aurait pu donner au couple une force agissait en réalité comme un repoussoir, au grand désespoir de l'éconduite.

Elle regrettait déjà de ne pas avoir gardé une part du gâteau au chocolat, même si son audace était peut-être la cause de leur cavalcade. La vendeuse de la boulangerie avait paru suspicieuse, à bien y réfléchir. Dans le monde des Toxis, tout allait si vite. Elle avait pu appeler le militaire à la rescousse et, en un battement de cils, il s'était élancé à leur poursuite...

Un petit cri de joie écourta sa réflexion.

— Oui, je viens de voir un panneau ! s'exclama Olive d'une voix bien trop forte. Rennes ! Roazhon !

— Baisse d'un ton, le nabot ! gronda Lila du fond de la remorque.

Une bouffée de peur émana des pores de l'amie de Fauve, pour venir chatouiller la peau de cette dernière.

Elle a peut-être une grande gueule, mais le courage lui manque une fois dans le feu de l'action, songea-t-elle avec une lucidité teintée de méchanceté.

Comme une punition pour ses mauvaises pensées, sa tête heurta violemment le bord de la remorque. Le pick-up venait de piler. Il effectua une rapide marche arrière pour se garer, comme le constata Olive lorsqu'il souleva la bâche de quelques centimètres. Le conducteur claqua la portière, puis s'éloigna à pas rapide.

Quelques voitures et passants circulaient sur la chaussée, ce qui générait bien plus de bruit que dans les ruelles terreuses d'Argoat. Les coups de poignard électromagnétiques des portables, ordinateurs et autres machines infernales de la ville lacéraient leurs cervelles déjà éprouvées depuis plusieurs heures.

— Je suis exténuée, murmura Fauve. Où allons-nous dormir ce soir ? Pas dans cette remorque, j'espère !

Sous la paroi en tissu, l'obscurité s'intensifiait en effet. Le jour déclinait vite.

— Non, le chauffeur va peut-être repartir. Il faut qu'on sorte, déclara Pierre avec fermeté. Le problème est qu'il y a du monde dans la rue.

— Attendons un peu que la nuit tombe, suggéra Olive en roulant un joint dans une position improbable.

— T'arrive à rouler dans le noir, le nabot ? s'étonna Lila.

— Je pourrais rouler les yeux fermés ! Ça t'impressionne, la rabat-joie ?

— Pff. Ne t'avise pas de le fumer là-dessous, en tout cas ! grommela la jeune métisse d'une voix rauque. Sinon, c'est moi qui te fume !

L'adolescent haussa les épaules, un sourire amusé sur les lèvres. Fauve sentit la tension retomber un peu. Les joutes verbales des deux « ennemis » les détendaient donc, contre toute apparence.

Le soleil ne se fit pas prier, il disparut quelques minutes plus tard derrière les immeubles gris. Les lumières artificielles prirent le relais.

D'après les gargouillis de leurs estomacs, l'heure du dîner approchait. Le brouhaha ambiant s'atténua. Jugeant le risque acceptable, le quatuor se glissa hors de son abri pour affronter la jungle urbaine.

Les joggings sales et les mines effarées des Sensis ne firent pas grande impression sur les passants. La moitié leur fonça dessus, le nez collé à leurs écrans de portables. Les intrus les évitèrent avec un bond de côté. Certains parlaient seuls en faisant de grands gestes. Le reste des Toxis leur jeta un regard suspicieux, avant de les contourner largement.

Soulagés, ils prirent alors le temps de découvrir leur nouvel environnement. De majestueux bâtiments haussmanniens les entouraient, aux reliefs mis en valeur par l'éclairage chiche des lampadaires électriques. Les ampoules à énergie solaire diffusaient une lueur suffisamment faible pour épargner leurs yeux photosensibles.

Au moins une partie de mon corps qui ne souffre pas, souffla Fauve.

— Quoi ? Vous n'avez pas le dernier Samsong Starship ? les interpella une voix suave sur leur droite.

Leur regard se braqua alors sur le visage très maquillé d'une femme blonde, trop parfait pour être naturel.

Chapitre 27

L'Alien à visage humain, aux traits lisses et trop bien dessinés, découvrit des dents d'un blanc étincelant. Sa mimique se voulait sans doute séduisante, mais glaça le sang des Sensis. Elle était vêtue d'une robe moulante à paillettes, qui soulignait ses courbes idéales. Les boucles de ses cheveux brillants ondulaient dans l'air malgré l'absence de vent.

— Flashez ce code immédiatement pour découvrir le dernier cri de la technologie, intima la voix chaude de la femme.

Un motif noir et blanc, mêlant points et carrés de formes aléatoires, remplaça soudain la tête de la blonde.

Le quatuor étouffa un cri de surprise.

— Eh, je crois que ce n'est pas une personne ! hésita Pierre.

Il avança le bras en direction de la chose avec réticence. Sa main traversa l'image holographique sans substance. Lila gémit. Fauve, malgré ses palpitations, s'élança à son tour à travers l'hologramme. Elle ressortit de l'autre côté sans dommage physique, mais choquée et tremblante.

Leur exhibition attirait les passants, qui commençaient à s'agglutiner autour d'eux avec un mélange de curiosité et de suspicion. Pierre sentit le danger et inclina la tête. Ils quittèrent les lieux sans demander leur reste. Les Sensis remontèrent une ruelle pentue bordée de maisons étroites à colombages. La lumière orangée des lampadaires soulignait le charme de l'architecture médiévale. La nausée et la migraine des fuyards ne leur permettaient néanmoins pas d'apprécier à sa juste valeur la beauté des constructions.

Fauve se concentrait sur sa foulée pour ne pas se tordre les chevilles. Elle n'avait pas l'habitude des rues pavées, et encore moins des souliers inconfortables qui enserraient ses pieds gonflés.

Des effluves plus ou moins nauséabonds lui chatouillaient les narines. Elle releva brièvement la tête pour croiser quelques regards curieux de Toxis attablés à même la chaussée. Fauve détailla le contenu de leurs assiettes.

Comment peuvent-ils manger de la viande ? songea avec dégoût la jeune femme. Elle accéléra son pas pour s'éloigner des carnivores.

Enfin, les Sensis débouchèrent sur une petite place sur laquelle se dressait, à leur gauche, une chapelle gothique imposante. Sur leur droite, un havre de paix leur tendait les bras.

— De la verdure ! souffla Olive avec soulagement.

— Parc du Thabor, lut Lila sur la pancarte qui était accrochée au portail ouvragé, en fer forgé orné de dorures.

— C'est quoi, un parc ? demanda Olive, interloqué.

— C'est ça, on dirait, répondit sèchement Pierre. Allons-y ! Pour ma part, j'ai vraiment besoin d'un peu de repos...

Les trois autres approuvèrent et lui emboîtèrent le pas avec empressement. Il leur tardait de recouvrer quelque force dans un environnement plus accueillant que cette jungle de béton.

L'obscurité les engloutit à mesure qu'ils s'éloignaient des lumières de la ville. Dans les ombres, des murmures, des froissements de tissus les informèrent de la présence d'autres noctambules. Un cri rauque, suivi d'un bris de verre, les fit accélérer. Les autochtones n'avaient pas l'air de bonne compagnie, mieux valait éviter de les croiser.

— Va te faire foutre, hurla un homme, comme pour confirmer leur intuition.

Le groupe se cacha avec précipitation derrière un bosquet touffu, difficile d'accès. Ils s'allongèrent à même le sol après s'être restaurés de leurs dernières denrées alimentaires. Gênés par leur mal de tête, le sommeil tardait à venir. Leurs organismes éprouvés par cette journée palpitante manifestaient avec force leur mécontentement.

À travers le feuillage des arbres, le croissant de lune les éclairait de sa lueur fantomatique. Le ciel était violet, une couleur inhabituelle pour eux. Les étoiles ne se montraient pas aux citadins, découvrirent avec stupeur les intrus.

Fauve tenta de s'abandonner dans les bras de Morphée, mais les émotions de la journée, combinées à l'inconfort de son lit de fortune, la maintinrent éveillée malgré sa fatigue extrême. Elle se tortilla sur le paillage qui recouvrait le sol, sans trouver de position propice au laisser-aller. Un frisson parcourut son échine. La température baissait vite. Elle s'emmitoufla dans une fine couverture découverte dans le sac à dos qui lui servait d'oreiller.

Des ronflements vibraient à présent autour de sa tête endolorie, échos des moteurs qui grondaient autour du parc. Seule une respiration restait irrégulière. Celle de Lila.

— J'ai envie d'aller pisser, tu m'accompagnes ? chuchota-t-elle dans le creux de l'oreille de son amie.

Les deux femmes s'éloignèrent de quelques mètres pour se soulager en toute discrétion. Sur le chemin du retour, Fauve attaqua.

— Dis-moi, à quoi tu joues avec Pierre ?

— De quoi tu parles ? répliqua Lila, sur la défensive.

Fauve lui attrapa le bras, ce qui la stoppa dans son élan.

— Tu vois bien ce que je veux dire ! Tu glousses comme une ado dès qu'il te parle, je ne t'ai jamais vue comme ça ! Je croyais que tu le détestais ? Combien de fois m'as-tu répété que ce n'était qu'un pauvre minable égoïste ?!

Lila se dégagea d'un mouvement sec, puis détourna le regard.

— Oui, je le détestais... parce qu'il te faisait souffrir, ajouta la jeune métisse en plantant ses yeux dans ceux de Fauve.

Elle marqua une pause pour choisir ses mots. L'éclairage de la lune donnait à son visage fin et osseux un teint maladif. D'ordinaire basanée, sa pâleur passagère reflétait le trouble qui l'agitait.

— Depuis que je le connais mieux, je m'aperçois de mon erreur. C'est un garçon charismatique, intelligent...

Fauve pouvait percevoir son tumulte intérieur grâce à son don : la peur, la honte, le ressentiment... Et quelque chose d'autre, une émotion familière… qui se manifestait sous la forme d'une caresse sur sa peau, douce et sensuelle…

— T'es amoureuse ou quoi ?! s'exclama-t-elle d'une voix tranchante, glaciale.

Lila secoua la tête avec un peu trop de vigueur.

— Bien sûr que non !

— Mais tu as gloussé ! insista la rouquine, les yeux froncés. Avoue que c'est troublant, venant de toi ! Et puis, tu n'ignores rien de mes dons…

— Tu me fais chier ! s'écria Lila avec colère, avant de regagner le camp de fortune d'un pas rageur.

Fauve resta un moment plantée sur place, perdue dans ses pensées. Une sensation de froid l'envahissait. Le vent frais n'y était pour rien.

Un craquement de brindille la sortit de sa torpeur et hâta son retour au camp. Avant de s'envelopper de sa couverture, elle regarda Lila, qui lui tournait le dos. La jeune femme contempla longtemps la chevelure épaisse et bouclée de celle qui avait toujours été sa confidente, son roc dans la tourmente. Quelque chose s'était brisé entre elles. Fauve soupira.

La solitude enveloppait ses bras glacés autour d'elle, mais elle s'échappa en sombrant enfin dans un sommeil agité.

Son père chevauchait un étalon noir dans la forêt. Les sabots martelaient le sol avec force. De l'écume blanche maculait les flancs de l'animal. Il galopait entre les arbres calcinés, dont les branches ressemblaient à des doigts tendus vers le ciel orageux.

Le visage du cavalier était flou, ses traits indistincts. Ses longs cheveux, d'un roux flamboyant, étaient son seul signe distinctif. Sa fille voulut crier pour l'avertir, mais c'était déjà trop tard. Une grosse souche barra le chemin du cheval, qui trébucha lourdement. L'homme décolla, vola un long moment, au ralenti. Fauve hurla, mais aucun son ne voulait sortir de son gosier. Elle voulut courir pour le rejoindre, mais ses pieds restèrent scellés au sol.

Enfin, le corps s'écrasa par terre tel un pantin désarticulé.

Les joues noyées de larmes, secouée de sanglots, elle s'éveilla alors toute frissonnante dans la lueur pâle du petit matin. De la rosée recouvrait ses cheveux et son étole. Ses mains essuyèrent son visage humide. Ce cauchemar hantait souvent ses nuits, depuis la mort de son père. Un bête accident de cheval, que son esprit s'ingéniait à reconstituer avec un certain sens du mélodrame. La jeune femme se défit, au prix d'un grand effort, du manteau de peine qui l'écrasait.

C'était il y a longtemps... Efface ces images affreuses de ton esprit, pense au présent, s'ordonna-t-elle.

Alors qu'elle reprenait pied, une voix s'éleva tout près d'elle, derrière le buisson qui les cachait des potentiels passants.

— T'as entendu ça ? Ils ont lâché les « sniffeurs » sur les Sensis qui ont réussi à s'échapper !

C'était une femme qui parlait d'un ton excité.

— Depuis quand ? lui répondit un homme d'une voix lasse.

— Cette nuit, les drones ont ratissé Mordelles, là où les « avortons » ont été repérés.

— Et ?

— Chou blanc. Du coup, la police a décidé de mettre le paquet. Dès ce matin, il y en aura partout dans l'agglomération. Peut-être qu'on va en croiser un ici !

Cette perspective semblait enchanter la femme, mais beaucoup moins son interlocuteur.

— J'espère que non ! Je déteste les sniff tests. Ces drones, on dirait des clébards qui nous reniflent le cul...

— Charmant ! Dis-toi que c'est un mal nécessaire... Tu imagines si on attrapait cette saleté de maladie ? Je n'ai pas envie de retourner à l'âge de pierre, merci bien ! Je ne pourrais pas me passer de mon implant et de mes...

Malgré son ouïe fine, les passants étaient désormais trop loin pour que Fauve puisse continuer à suivre leur conversation.

Elle réveilla ses compagnons avec précipitation.

— Il faut partir, et vite ! Ces saletés de machines volantes sont de nouveau à notre poursuite !

Chapitre 28

Ils plièrent bagage à la hâte et filèrent aussi discrètement que possible. Le soleil était encore pâle au-dessus des immeubles haussmanniens qui encerclaient le parc. La fraîcheur nocturne ne s'était pas encore évaporée, une délicate odeur d'herbe et de fleurs humides flottait dans l'air.

Les relents nauséabonds de la ville prirent néanmoins vite le dessus, à mesure que les Sensis approchaient de la sortie. Les véhicules bruyants étaient rares, les promeneurs aussi à cette heure matinale. Le fond sonore était pourtant à peine supportable.

C'était un bourdonnement continu, chargé d'ondes électro-magnétiques, qui aiguillonnait sans cesse leurs pauvres cerveaux. La sensation s'accentua quand ils franchirent le portail noir qui marquait la limite de l'écrin de verdure salvateur.

Leurs baskets chuintèrent au contact des pavés humides, ce qui arracha un soupir las à Olive. Ses cheveux longs étaient tout emmêlés, et son regard, d'ordinaire déjà torve, était plus vide que jamais. Fauve jeta un coup d'œil furtif en direction de Lila. La tête baissée, l'air renfrogné, elle ne quittait pas des yeux ses souliers crottés. Seul Pierre hocha la tête lorsqu'elle le regarda.

Son air résolu, presque buté, réchauffa le cœur de la jeune femme. Ce visage, elle le connaissait. Tel un pitbull, il ne comptait pas lâcher sa cible. Peu importaient les obstacles et les dangers, c'était un homme courageux qui irait au bout de sa mission. Au fond d'elle, Fauve n'en avait jamais douté, mais les fêlures et les lâchetés de Pierre au quotidien avaient émoussé sa confiance.

— Tu viens ? lui glissa-t-il d'une voix douce quand il remarqua qu'elle avait ralenti sa cadence. Il faut qu'on avance...

Le quatuor longea les murs, aux aguets. Impossible d'entendre le vrombissement caractéristique des hélices d'un drone dans le vacarme de la ville. Cet état de fait rendait le quatuor nerveux. Comme pour les narguer, de nombreux pigeons quadrillaient le ciel en permanence. Parmi les volatiles, les « sniffeurs » dont avait parlé la femme pouvaient surgir à tout moment.

— Il faut qu'on s'isole pour faire le point sur notre prochaine destination, décréta Pierre en s'ébouriffant les cheveux, les sourcils froncés au milieu de son beau visage taillé à la serpe.

Ils pénétrèrent dans une cour déserte. Munis du plan de la ville et du carnet de Biz, l'adresse des contacts du dealer fut vite repérée. La rue se situait non loin de la gare de Rennes, à quelques minutes de marche de là où ils se trouvaient.

— Ne traînons pas, souffla Fauve.

Elle avança d'un pas décidé, suivie de près par ses acolytes. De majestueux bâtiments attiraient leurs regards, mais ils s'efforçaient de rester à l'affût. Alors qu'ils remontaient une grande avenue bordée d'arbres emprisonnés dans des cercles de fer, leurs yeux perçants repérèrent des mouvements suspects au loin.

Au-dessus des voitures (électriques pour la plupart) flottaient des objets étranges. Avec méthode, certains engins pénétraient dans les autos par les vitres latérales, pendant que d'autres se collaient aux passants. Fauve plissa les yeux.

Les drones, car il était évident qu'ils s'agissaient des fameux drones, avaient une forme totalement différente de ceux qui les avaient pourchassés au barrage routier. Les robots ressemblaient à des trompettes grises et brillantes. Aucune hélice ne les portait, les « instruments » se mouvaient avec fluidité et vitesse entre les promeneurs.

Certains Toxis coopéraient sans problème, tandis que d'autres rebroussaient chemin ou réagissaient avec véhémence. Indifférents aux comportements hostiles, les sniffeurs rattrapaient les fuyards sans difficulté, et reniflaient les hommes en colère sans tenir compte des coups.

— Alors c'est comme ça que les Toxis comptent nous attraper... murmura Fauve.

Ses compagnons s'étaient arrêtés net, hypnotisés par la scène qui se déroulait au loin, à plusieurs dizaines de mètres d'eux.

— On pue, c'est ça ?! s'exclama Olive avec une colère feinte.

En réalité, il était mort de peur. Ils l'étaient tous les quatre. Lila se pencha sur l'adolescent avant de se boucher le nez avec dégoût.

— Je pense qu'ils peuvent déjà te sentir, le nabot ! le railla Lila.

Après un moment d'hésitation, elle ajouta à voix basse :

— Sans rire, on doit avoir une odeur particulière, nous aussi... Les Toxis empestent, on les repère à trois kilomètres. Mais eux n'ont pas notre odorat. Ils ont besoin de s'aider de nez artificiels pour détecter des Sensis parmi leur population.

— J'imagine que nos savons, nos vêtements, notre nourriture imprègnent notre peau d'une senteur caractéristique, reprit Pierre. Mais nous ne sommes pas les seuls à vivre ainsi ! Certains Toxis ont adopté notre mode de vie, à défaut de pouvoir nous rejoindre.

— Bah ! J'ai entendu qu'ils ne sont pas nombreux. Les Toxis auront tôt fait de faire le tri une fois les suspects interpel...

— C'est vraiment passionnant, mais vous discuterez de tout ça plus tard, les coupa Fauve d'une voix tranchante. À moins que vous vouliez confronter vos théories à la réalité...

Les Sensis bifurquèrent dans une rue à leur droite. Sans doute d'un pas trop rapide, car deux sniffeurs foncèrent droit vers eux.

— Merde ! cria Pierre.

Comme un seul homme, ils se carapatèrent. Dans la confusion, talonné par les trompettes argentées, le groupe éclata. Fauve s'élança seule dans une ruelle, filée par l'un des drones qui volait bien plus vite qu'elle. Heureusement, le sniffeur ne pouvait s'empêcher de flairer tous les promeneurs qu'il croisait, ce qui le ralentissait dans sa course.

Des visages surpris se succédaient devant Fauve, qui courait à en perdre haleine. Elle faillit se cogner contre un lampadaire, bouscula une bonne dizaine de personnes, heurta le pare-chocs d'une voiture électrique qui se garait. Sans réfléchir, à bout de souffle, elle se précipita dans une boutique dont la devanture rouge clignotait devant elle comme un signe du destin.

La porte vitrée s'ouvrit automatiquement et se ferma derrière elle. La jeune femme fit volte-face, mais le drone ne l'avait pas suivie. Il inspectait un clochard assis sur le trottoir. Le bougre agita la main devant lui pour chasser la trompe inquisitrice de l'insecte. Une petite diode lumineuse sur le côté de l'engin clignota, puis une vapeur mauve s'échappa de l'orifice en entonnoir. La fumée se dirigea droit sur le pauvre hère, qui s'effondra aussitôt.

— Bonjour, madame. Je peux vous aider ?

La voix, masculine, sonna comme un clairon derrière son dos.

Chapitre 29

Surprise, Fauve sursauta. Elle se retourna avec réticence, inquiète à l'idée de lâcher le drone du regard.

Cependant, l'homme qui approchait accapara aussitôt toute son attention. Il était très grand et d'une carrure imposante. Ce ne fut pourtant pas sa force apparente qui l'impressionna, mais l'intensité de son regard.

Ses yeux bleu acier transperçaient ceux de la femme, telles des lances. Ils brûlaient d'un feu glacé qui électrisa sa peau. Impossible cependant de dire si ce regard était hostile ou amical. Elle n'arrivait pas à ressentir les émotions de l'étranger.

Décontenancée, Fauve resta muette. Le Toxi la dévisagea des pieds à la tête avec une moue dépréciatrice, fugace, mais qui n'échappa pas à la Sensie. Le commerçant se redressa puis enfila son meilleur masque de vendeur. Comme un costume trop ajusté, prêt à craquer, l'expression qu'il arborait cachait mal sa perplexité face à cette cliente au look incongru.

— J'imagine que vous ne venez pas pour un implant auriculaire... Peut-être intéressée par un patch hormonal ? Besoin d'un petit coup de fouet ? déclara-t-il d'un ton professionnel, un sourire commercial collé sur son visage mangé par une barbe de plusieurs jours.

Ses cheveux bruns étaient attachés en un petit chignon haut perché, une coiffure très inhabituelle chez les Sensis. Ses vêtements aussi étaient étranges. Déjà, ils étaient noirs, alors que les sensibles affectionnaient les tissus clairs ou colorés. La matière du pantalon, matte et sans plis, ressemblait vaguement à du cuir, sans en être.

Le Toxi se déplaça sans grâce vers l'un des présentoirs, au-dessus duquel flottait un objet translucide de la taille d'un timbre. L'homme avait l'air d'un éléphant dans un magasin de porcelaine.

Tout était d'un blanc laqué, du sol au plafond. Des éclairages colorés illuminaient de l'intérieur des colonnes translucides, arbres de verre aux fruits étranges. Au-dessus des piédestaux multicolores, des objets de formes diverses, ésotériques, planaient comme par magie. Fauve se doutait qu'une quelconque technologie permettait ce prodige, mais elle était tout de même impressionnée.

— Ce patch diffuse un savant dosage d'hormones stimulatrices, comme l'adrénaline et la sérotonine, directement par voie cutanée. Mais si vous préférez vous détendre un peu, je vous conseille plutôt le patch « bonheur », à seulement trente euros. Un cocktail d'ocytocine, de dopamine et d'endorphine. Qu'en pensez-vous ? débita le vendeur d'une voix monocorde, le minuscule timbre entre les doigts.

— Je ne comprends rien à tout ça, désolée, répondit-elle d'une voix tendue.

Fauve jeta un coup d'œil angoissé dehors. Un Toxi en uniforme militaire venait d'installer le sans-abri inconscient dans une camionnette. Le véhicule démarra. Aussitôt, le sniffeur reprit son travail. Il flaira les passants puis pénétra dans le magasin de vêtements situé en face de celui où la Sensie se trouvait.

Le cœur de la jeune femme fit un bond dans sa poitrine quand elle réalisa que le magasin où elle se trouvait serait sa prochaine étape.

Le vendeur, qui avait suivi son regard, lui attrapa soudain le bras avec fermeté.

— T'es une Sensie, n'est-ce pas ? gronda-t-il dans son dos d'un ton qui n'avait plus rien d'amical.

Elle tenta de se dégager, mais l'homme avait une poigne de fer.

— Lâchez-moi ! S'il vous plaît, aidez-moi ! supplia-t-elle, les yeux embués de larmes.

Le Toxi planta son regard dur dans celui de Fauve. Il n'était pas ému du tout par le désarroi de sa prisonnière.

— Et pourquoi je t'aiderais ? Tu viens chez nous pour nous contaminer, et je devrais te venir en aide ? Je suis peut-être déjà atteint !

— Mais ! Je ne suis pas venue pour ça ! Mon frère a été enlevé par des Toxis, et...

— Ça ne m'intéresse pas, le coupa l'homme en la poussant vers la sortie sans ménagement.

— Non ! Je ferai ce que vous voulez, mais ne le laissez pas m'attraper ! s'écria-t-elle, en se débattant comme un diable.

L'homme marqua un temps d'arrêt. Il réfléchissait.

— Et si je te demande un service en échange de mon aide ?

— Du genre ? s'enquit Fauve, soudain tout ouïe.

Elle tenait peut-être sa porte de sortie. La jeune femme lutta contre la panique qui aveuglait ses pensées.

— Je connais quelqu'un qui a besoin de se faire oublier quelque temps... ou peut-être pour toute la vie... Tu pourrais l'intégrer dans ton village comme un vrai Sensi ?

— Je ne sais pas, ça n'est jamais arrivé, je crois... hésita la jeune femme.

Il secoua la tête et la poussa à nouveau dehors.

— Attends ! Ma mère est le maire du village, elle dira oui ! Aucun problème !

Il la prit par le col.

— T'as intérêt de tenir parole, la menaça-t-il.

Elle reçut comme une gifle la bouffée de rage qui émanait de son corps. L'avertissement était sérieux. Un long frisson remonta le long de sa colonne vertébrale, tel un serpent de glace.

Fauve recouvra son sang-froid quand elle vit le drone voleter dans leur direction.

— Faut pas traîner si tu veux tenir la tienne, dit-elle d'une voix soudain plus assurée.

Face au danger, son cerveau reprenait le contrôle. Elle n'avait plus envie de vouvoyer le vendeur. Ni de le supplier. Il avait besoin d'elle, elle avait besoin de lui. Fauve ne se sentait désormais plus en situation de faiblesse et d'infériorité.

Le Toxi, surpris par cette volte-face, grommela dans sa barbe en protestation, mais s'engouffra à pas rapide dans l'arrière-boutique. Elle se faufila derrière le comptoir qui brillait de mille feux, et, pendant de longues secondes, attendit en jetant de fréquents regards angoissés vers la rue. Des passants distrayaient le drone, mais il gardait tout de même son cap. Dans quelques instants, il serait là.

Le commercial réapparut, un tube en métal à la main.

— Vaporise ça sur toi pour dissimuler ton odeur, ordonna l'homme.

— C'est quoi ? interrogea Fauve, circonspecte.

Il écarquilla les yeux, puis se rappela la condition de la jeune femme.

— C'est un désodorisant pour toilettes, s'excusa-t-il, un peu honteux.

— Un quoi ?

— Du parfum. Artificiel. Ça devrait duper le drone.

Elle fronça le nez. Les portes battantes s'ouvrirent, quelques mètres devant le comptoir. Sans précipitation, le sniffeur avança, trompette en avant.

— Vas-y, déclara-t-elle avant de fermer les yeux et la bouche, le corps tendu vers le vendeur.

Sans se faire prier, ce dernier appuya sur l'aérosol. Un nuage toxique enveloppa la Sensie. Cette dernière ferma les yeux et coupa sa respiration. Mais ses poumons réclamèrent vite de l'air, et ses yeux voulaient voir.

Fauve toussa juste après sa première inspiration. La gorge et le nez en feu, elle parvint à croasser :

— C'est de l'acide, ce truc !

La vision floue, elle distingua une forme tubulaire approcher de son visage rougi par le spray. Le monstre colla son nez froid dans son cou. Il ronronnait comme un gros chat, mais n'avait aucun souffle. Malgré la brûlure qui irradiait sa peau, Fauve s'efforça de rester immobile. Un Toxi supporterait le supplice qu'elle endurait sans sourciller, elle devait donc faire de même.

— RA MA DA SA SA SE SO HANG, psalmodia-t-elle.

Le mantra de guérison mit en sourdine la douleur pendant l'inspection du robot. Le contrôle dura quelques minutes qui s'étirèrent tel du chewing-gum. La Sensie était au bord de la suffocation. Sa gorge avait enflé et gênait sa respiration. Enfin, le drone s'éloigna. Sa robe argentée luisait sous les spots de lumière de la boutique.

Au moment où les portes automatiques s'ouvrirent pour le laisser passer, Fauve s'écroula au sol, inconsciente.

Chapitre 30

Une douleur sourde, palpitante, envahit son crâne subitement. Fauve sursauta et ouvrit grand ses paupières. La fulgurance de l'attaque l'avait arrachée d'un sommeil fiévreux. La bouche pâteuse et le corps frissonnant, la jeune femme respira fort à plusieurs reprises pour maîtriser l'effet de la vague d'ondes électromagnétiques sur son organisme éprouvé.

Une fois la souffrance en sourdine, Fauve explora du regard son nouvel environnement. Elle était étendue sur un grand canapé noir, qui avait été partiellement recouvert à la hâte d'un drap blanc en coton. Elle en souleva un pan pour caresser le cuir du canapé, aussi lisse et froid qu'une peau de serpent.

Un long frisson parcourut son échine mouillée de sueur, et ses doigts se recroquevillèrent, semblables à des araignées de mer bouillies. Elle remarqua en effet que sa peau était couverte de plaques et de petits boutons rouges. Aussitôt après avoir découvert son état cutané, Fauve ressentit des démangeaisons insupportables. Elle se gratta jusqu'au sang les mains, incapable de s'arrêter. Son visage aussi était au supplice, mais elle lutta pour éviter de se défigurer pour de bon.

Où que je sois, il va falloir que je sorte pour retrouver mes amis. Si je ressemble à la fiancée de Frankenstein, je n'ai aucune chance de passer inaperçue dans les rues. Mais où suis-je ?

Elle détailla le reste de la pièce, plongée dans une semi-pénombre. Une table basse d'un jaune vif, même dans l'obscurité, se dressait sur un tapis épais composé de fanfreluches de tissus noirs, blancs, et bleus. Un grand rectangle blanc se détachait du mur noir situé face au canapé. Les autres parois étaient peintes d'un blanc aux reflets argentés, à la faveur des fins rayons de lumières filtrés par les volets percés.

Derrière le canapé, une grande table ronde en verre encerclée de chaises en fer forgé. En arrière-plan, une cuisine ultramoderne, d'un blanc laqué immaculé. Et, sur chaque meuble, un bric-à-brac de papiers, objets hétéroclites et aliments entamés. Ce bazar rassura la jeune femme, car il apportait un brin d'âme dans cet univers froid et tellement étranger à tout ce qu'elle connaissait.

Déjà, elle n'était pas dans une geôle du gouvernement toxi. Du moins, cela n'en avait pas l'air.

Une bouffée de parfum chimique agressa ses naseaux quand elle se leva. Mêlée au parfum du désodorisant dont l'avait aspergé le vendeur pointait une senteur familière d'huile d'olive et de laurier. Le savon d'Alep qu'utilisaient au quotidien les Sensis. Quelqu'un l'avait donc lavée... Le Toxi du magasin ? Elle constata avec soulagement qu'elle portait toujours les mêmes vêtements.

On m'a juste débarbouillée...

Le nez saturé d'effluves toutes plus désagréables les unes que les autres, Fauve se mit à respirer par la bouche. Agacée par le port de ses chaussettes, elle les enleva. Les muscles de ses pieds s'étirèrent avec délice sur le plancher.

Une voix étouffée l'attira hors du salon. À pas de loup, Fauve arpenta un couloir étroit et sombre, jusqu'à la porte entrebâillée d'une chambre. Son estomac se nouait à mesure qu'elle approchait de l'interstice lumineux. Les ondes électromagnétiques augmentaient quant à elles en intensité.

— T'inquiète pas, je sais ce que je fais.... Je ne risque rien, tu sais bien que Papa nous emmenait près de chez eux quand on était petits ! On a eu plein d'occasions de l'attraper, ce virus...

Fauve reconnut la voix grave du vendeur. Par mégarde, elle inspira par le nez, ce qui provoqua un éternuement violent, impossible à retenir.

— Je dois te laisser, murmura le Toxi avant d'ouvrir grand la porte.

L'homme déboula dans le couloir pour se planter face à Fauve, son téléphone portable à la main. La crainte creusa le ventre de la jeune femme de sa main glacée quand il la toisa de toute sa hauteur. Instinctivement, elle recula d'un pas.

— Tu m'espionnais ? la questionna le Toxi en haussant un sourcil. Je ne t'ai pas entendue approcher.

Fauve resta silencieuse, impressionnée par le regard froid, scrutateur, de son interlocuteur. Elle était incapable de sonder ses pensées. Décidément, son « pouvoir » était bien peu utile... Il la lâchait quand elle en avait le plus besoin ! Face à un Toxi de cette carrure, que pouvait-elle faire pour se défendre ? Quelles étaient ses intentions maintenant qu'elle était sa prisonnière ? Est-ce que ses compagnons s'en étaient sortis, eux ? Ou bien avaient-ils été capturés par les drones ?

Les pensées se bousculaient dans sa tête pendant qu'elle cherchait des yeux une issue. Sans le vouloir, sa respiration s'était accélérée à mesure que grandissait son sentiment d'être piégée et vulnérable.

Une pression sur ses épaules la ramena sur terre.

— Oh, calme-toi ! Je ne vais pas te faire de mal, affirma le Toxi d'un ton un peu plus doux, conscient de sa panique. Viens t'asseoir, on va causer un peu...

Il l'entraîna dans le salon, où elle prit à nouveau place sur le canapé pendant que son hôte lui préparait un thé. Fauve détailla du coin de l'œil le Toxi, qui avait changé de tenue et de coiffure.

Ses cheveux mi-longs, aussi sombres que ses yeux étaient clairs, accentuaient les contours francs de son visage racé. Sa bouche et son nez, de forme plutôt banale, étaient éclipsés par ses magnifiques yeux en amande bordés de longs cils noirs. Des écrins pour les saphirs qui lui tenaient lieu d'iris. L'homme avait remplacé sa tenue noire pour un jean bleu et un tee-shirt noir tout simple, qui mettait tout de même bien en valeur son torse musclé. Quel âge avait-il ? Trente ans, guère plus, supputa Fauve.

Un léger malaise s'empara d'elle quand elle constata qu'en comparaison, elle ne ressemblait à rien. Son survêtement était souillé de terre et de tâches en tout genre, et la peau de son visage était aussi granuleuse que celle de ses mains. Et sûrement aussi rouge.

Merde, qu'est-ce que ça peut faire ? gronda sa conscience. *Ce n'est pas un concours de beauté.*

Le Toxi apporta la tasse de thé à la Sensie, accompagnée de biscuits, puis s'assit de l'autre côté du canapé, sur l'accoudoir. Fauve, affamée, se jeta sur les gâteaux.

En plus d'avoir l'apparence d'une sauvage, j'en ai le comportement ! Il doit me prendre pour une folle...

— Bien, maintenant que tu es réveillée et à peu près remise, tu vas pouvoir me raconter ton histoire, déclara-t-il en se penchant un peu vers elle.

— En quoi ça t'intéresse ? réagit-elle avec méfiance. Ton but est qu'on adopte ta « connaissance », non ?

Il se tortilla et grimaça avant de répondre.

— Oui, mais j'aimerais mieux comprendre ce que tu fais là avant de te le confier. Et puis, quelque chose me dit que tu auras besoin de mon aide pour rentrer chez toi...

— Ah oui ? Quelle âme charitable ! Qu'est-ce que ça cache ? ne put-elle s'empêcher de railler, avant de se mordre la lèvre.

Comment allait-il réagir ? Elle se rappelait qu'il avait été assez violent dans le magasin... La jeune femme inspira fort, captant ainsi l'odeur de l'homme, un mélange de musc, de café et de parfum alcoolisé.

La moutarde montait visiblement au nez du Toxi, mais il se contrôla.

— Je veux juste m'assurer que mon frère rejoint ton village sans encombre.

— Donc c'est ton frère, le fuyard ? À quoi ou à qui veut-il échapper ?

— Eh, c'est moi qui pose les questions ! gronda l'homme.

Fauve se renfrogna. Elle enfonça la tête dans le dossier du canapé pour tenter de se camoufler sous ses boucles rousses. Après de longues minutes d'hésitation, elle finit par lui raconter son périple dans les grandes lignes.

— Je pense que tu ferais mieux de rentrer dans ton village, murmura l'homme après son récit. C'est trop dangereux pour toi de rester à Rennes.

— Hors de question ! s'enflamma Fauve. Je ne partirai pas d'ici sans Pie... sans mes amis et mon frère !

L'homme sourit brièvement, un sourire indéchiffrable, puis resta un moment silencieux, perdu dans des pensées auxquelles Fauve n'avait pas accès, malgré tous ses efforts.

— Tu te sens comment ? finit-il par demander.

— Heu... À part les démangeaisons, ça peut aller...

Le Toxi se releva d'un coup.

— Alors, allons-y !

Fauve leva les yeux vers lui, surprise.

— Mais où ?

— À l'adresse des dealers, celle où, toi et tes amis, vous vous rendiez avant d'être pourchassés par les sniffeurs. Si j'ai bien suivi, il n'y a que là que tes compagnons sont susceptibles de t'attendre !

— Pourquoi veux-tu m'accompagner ?

— Pourquoi pas ? Écoute, c'est vraiment important pour moi que mon frère trouve un abri sûr... Il est en danger de mort, si tu veux tout savoir. Le gouvernement le pourchasse, ça ne peut plus durer.

— Ouais, je connais ça, grommela Fauve, qui s'était recroquevillée en fœtus, les bras autour de ses jambes.

— Je le cache depuis trop longtemps. Pour moi aussi, ça devient invivable. J'ai l'impression d'être pris dans un étau qui se resserre un peu plus chaque jour.

Le Toxi fronça les sourcils, étonné par son propre aveu. Il stoppa net sa confession.

— Bon, tu es prête ?

Fauve posa son biscuit entamé sur la table basse, avant de se lever à son tour.

— Tes chaussures, remarqua l'homme en fixant ses pieds nus, un léger sourire amusé aux lèvres.

— Ah oui... Au fait, je m'appelle Fauve. Et toi ?

— Amos.

Chapitre 31

Pendant que Fauve fixait les scratches de ses baskets souillées, Amos la détaillait d'un regard sans complaisance.

— Mmh. Tu risques de te faire remarquer... Je n'ai jamais vu un survêtement aussi mal coupé ! Et aussi sale... Je crois que je vais te prêter des fringues, même si elles ne sont pas à ta taille !

Fauve hocha la tête, vexée. Elle n'était certes pas au top de sa féminité, mais de là à la traiter de souillon ! Elle aurait voulu l'y voir, dormir à la belle étoile à même le sol et courir à travers champs toute la journée... La jeune femme imagina les cheveux filasse et gras d'Olive à la place de la crinière lustrée qu'arborait le Toxi. Bah, ce dernier aurait toujours plus de classe que l'ado, même avec une serpillière sur la tête, constata Fauve avec dépit.

— Vue l'odeur chimique de tes vêtements, non merci ! Je pense que ma peau a assez morflé ! cracha la jeune femme en se pinçant le nez.

— OK, comme tu veux. Mais tu devrais mettre ta capuche, insista l'homme, les bras croisés, le visage buté. Une telle allergie pourrait alerter les passants.

— T'es sûr que tu ne veux pas y aller sans moi ? Si t'as peur, dis-le !

Elle s'était rencognée dans le dossier du canapé, le visage fermé.

— T'as du caractère, pour une Sensie, s'amusa-t-il, nullement offusqué.

— Pour une Sensie ? Tu t'attendais à quoi ?

— Bah, je ne sais pas... À des pleurs peut-être...

— Vous nous prenez vraiment pour des faibles, hein ?

— Tu ne peux pas nier que votre peuple est plutôt fragile !

— Fragile oui. Faible non ! Pense ce que tu veux, je m'en fiche ! On y va ou on prend racine ?

Quand Amos se décida à la suivre, Fauve était déjà dans le couloir à chercher une issue. Il la rejoignit puis appuya sur un bouton encastré dans le mur.

La jeune femme sursauta quand la porte de l'ascenseur s'ouvrit.

— N'aie pas peur, entre, l'invita d'un geste Amos, déjà à l'intérieur de la cabine.

Fauve n'arrivait pas à déceler de la moquerie dans son attitude. Méfiante, elle agrippa la rampe et serra les dents. La sensation d'apesanteur était très désagréable. Heureusement, le supplice fut bref.

À contrecœur, Fauve enfila sa capuche avant de sortir du bâtiment, geste qu'approuva Amos par un léger grognement.

— Ce n'est pas pour te faire plaisir, grommela la jeune femme.

— Je me doute bien ! s'amusa-t-il, les yeux rieurs.

Le Toxi était de bien meilleure humeur que lors de leur première rencontre, s'étonnait Fauve. L'homme avait rattaché ses cheveux en une haute queue de cheval, mais des mèches rebelles s'échappaient deçà delà. Malgré l'odeur pestilentielle de son parfum, Fauve devait avouer qu'il avait fière allure, avec son blouson en cuir noir et son jean parfaitement coupé.

Une fois le palier franchi, elle eut l'impression de pénétrer au cœur d'une arène. La peur s'infiltra à nouveau en elle quand les regards curieux des passants pesèrent de tout leur poids sur sa pauvre personne. Elle avait conscience d'avoir l'apparence d'une sauvageonne. Pour eux, elle était une sauvageonne. Un nuisible qu'ils devaient écraser au plus vite. Les ondes des montres, téléphones et autres implants électroniques pilonnaient par vagues son pauvre cerveau. L'air était saturé de polluants. Un vertige la fit tituber quelques instants, le monde gris des Toxis se mit à tournoyer avec violence.

Amos enroula son bras fort autour de sa taille, béquille salvatrice qui lui permit de continuer à avancer malgré ses jambes en guimauve.

— Tu veux t'arrêter ? murmura l'homme dans son oreille d'une voix apaisante. Il y a un banc un peu plus loin.

— Non, ça va, mais ne me lâche pas, s'il te plaît, gémit-elle d'une voix faible. Et préviens-moi si tu vois un sniffeur...

Après une marche laborieuse de plusieurs minutes, le Toxi stoppa la progression d'une Fauve nauséeuse et presque asthmatique.

— On est arrivés à l'adresse que tu m'as indiquée, indiqua Amos, qui la maintenait toujours avec brio.

La Sensie se concentra pour analyser le décor. Le duo contre nature se trouvait dans une petite rue sans âme, coincée entre deux avenues bruyantes. Devant eux se dressait un immeuble gris aux contours aiguisés comme le tranchant d'une lame.

— C'est là ? T'es sûr ?

— Affirmatif.

Fauve chercha des yeux un recoin susceptible de cacher ses trois compères. Il n'y avait pas beaucoup de refuges possibles, à son grand dam.

— Il n'y a personne, soupira-t-elle, au bord des larmes.

La pression de la main d'Amos se resserra sur sa taille.

— Je te proposerais bien de rester les attendre un peu, mais mon bras commence à fatiguer. Et je ne pense pas que tu tiendras le coup dehors plus longtemps. Alors je vais te proposer autre chose : on rentre, tu te reposes, et moi, je reviens ici dans une heure pour chercher tes amis. S'ils ne sont pas idiots, tes potes sensis savent que l'adresse des dealers est le seul endroit où ils peuvent te trouver.

— Dans ce cas, pourquoi ne sont-ils pas là ?

— Ils avaient peut-être faim ? Ou alors ils ont repéré les dealers et se sont lancés à leur poursuite...

— Et s'ils ont été capturés ?

— Alors ils sont sûrement morts.

— T'es le champion de l'empathie, toi ! s'écria Fauve avec colère.

Elle repoussa la main d'Amos d'un geste rageur. Un gros sanglot était coincé dans sa gorge douloureuse. Ses jambes chancelaient comme des quilles sur le point de tomber.

— Désolé, je ne voulais pas être indélicat. Allez, je te ramène, s'excusa Amos, un air dépité sur le visage.

Fauve lui jeta son regard le plus noir.

— En même temps, t'es un Toxi. Ce n'est pas surprenant en fait !

Amos ne se défendit pas, mais soupira bruyamment.

La jeune femme tenta de marcher seule, mais ses muscles étaient d'une faiblesse affligeante. Au bout de quelques pas, elle accepta à contrecœur la proposition d'Amos.

Je n'ai pas d'autre choix. Ce mec est sans cœur et il pue, mais il est mon seul allié pour le moment. J'espère qu'il a du chocolat chez lui, c'est la seule chose qui pourrait racheter sa conduite !

Chapitre 32

Fauve s'écroula de tout son poids dans le canapé.

— Tu veux prendre une douche ? proposa Amos, qui se savonnait les mains dans l'évier de la cuisine.

Il comptait préparer le dîner, même s'il n'avait aucune idée des précautions à prendre au niveau de la nourriture. La Sensie ne s'en préoccupait pas encore, trop épuisée par leur excursion urbaine.

— Oui, mais mes vêtements sont si sales. Et je ne peux pas mettre les tiens, ils empestent la lessive chimique ! pesta Fauve, toujours d'une méchante humeur.

— Je dois avoir une tunique sensie qui prend la poussière depuis des années dans un placard...

Fauve se retourna pour détailler du regard son interlocuteur. Gêné par la curiosité de la jeune femme, il haussa les épaules avant de se tourner à son tour pour se laver à nouveau les mains avec une nervosité palpable. Fauve n'avait pas besoin de l'appui de son don pour capter son malaise.

— Tu n'as pas l'air d'un Aspirant, pourtant...

Les Toxis désireux de vivre à la manière sensie étaient appelés ainsi. Ils n'étaient pas autorisés à s'installer avec les Sensis, car le risque de faire pénétrer des espions dans les villages était trop grand. Mais, parfois, des groupes d'Aspirants pouvaient s'installer à proximité des tribus sensies et avoir des contacts réguliers avec eux.

— Je n'en suis pas un, mais mon père était très attiré par le mode de vie et la façon de penser des Sensis... Il nous entraînait parfois dans ses escapades en territoire sensi, malgré les récriminations de ma mère ! Il m'en reste quelques reliques...

— Tu parles de ton père au passé ? s'interrogea Fauve.

Amos, toujours dos à Fauve, penché au-dessus du lavabo, secoua la tête.

— Mon père passait son temps à courir après des chimères. Un jour, il a disparu sans laisser de traces. Sans doute est-il parti vivre en ermite dans la forêt. Ou bien une tribu d'Aspirants l'a adopté. Je m'en fous, à vrai dire... Il nous a abandonnés, ma mère, Malo et moi. J'avais dix ans. Ce geste l'a rayé de ma vie à tout jamais.

— Je suis désolée, murmura la Sensie, touchée par cette confidence.

— Il ne faut pas. Je m'en sors très bien sans lui. Et puis, sans ce passé, je n'aurais jamais eu de vêtement adapté à ta condition !

Il fit volte-face, un sourire charmant sur les lèvres, mais les yeux brillants. Ses doigts serrèrent le torchon avec un peu trop d'insistance quand il s'essuya.

— Allez, file sous la douche ! J'ai mis du savon d'Alep dans la cabine. J'ai aussi lavé tout à l'heure une serviette de bains avec. Elle est dans le sèche-linge.

Sa voix, autoritaire mais tremblotante, la poussait à s'éclipser sans tarder, mais elle avait besoin de plus d'explications.

— Le sèche-linge ?

— Ah oui, désolé, reprit-il avec une pointe de lassitude. Il y a une machine grise dans la salle de bains. Il faut juste que tu ouvres le battant pour récupérer la serviette.

L'eau chaude et le savon lavèrent son corps et son esprit de la majorité des agressions subies les jours passés. En revanche, à peine sortie de la cabine, les ondes des appareils connectés de l'appartement fondirent sur leur proie comme des rapaces affamés.

L'eau fait-elle barrage aux ondes qui agressent mon cerveau ? Ou bien suis-je entrée dans une sorte de transe le temps d'une douche ?

Peu importait, car sa cervelle était de nouveau pilonnée sans relâche. Le moment de détente était bel et bien terminé. Fauve laissa ses frusques souillées par terre, puis enfila la tunique informe et violette (une couleur qu'elle abhorrait). L'étoffe sentait la poussière et le renfermé, mais aucun effluve chimique ne risquait d'irriter son épiderme davantage. Avec circonspection, la jeune femme se posta devant le large miroir accroché au mur.

Par Gaïa ! Je ressemble à un homard. Non, même un homard n'aurait pas cette gueule-là ! Et en plus, je commence déjà à friser !

Totalement dépitée et écrasée par le poids des ondes, Fauve se traîna jusqu'au salon. L'odeur appétissante qui en émanait la ragaillardit un peu.

Le sac à patates ne dormira pas le ventre vide, on dirait !

Amos était en train de mettre la table quand elle franchit le seuil de la porte. Il leva son beau visage vers Fauve. Aucune émotion ne transparaissait. Seuls ses yeux s'écarquillèrent un chouia.

— Assieds-toi, c'est prêt, lui intima-t-il d'un ton neutre.

— Tu as fait quoi comme plat ?

— Des pâtes complètes au gruyère. Ça te convient ?

— Je crois... En tout cas, mon estomac le pense !

— Parfait.

Fauve bâfra son assiette sans un mot. Elle sentait le regard insistant d'Amos sur elle, ce qui la poussa à plonger le nez encore un peu plus dans son plat. Une fois le dernier spaguetto (oui, on dit spaguetto) avalé, la jeune femme s'enquit du dessert.

— J'ai de la mousse au chocolat si tu veux...

Le visage de Fauve s'éclaira à ces mots. Elle engloutit le contenu des trois pots disponibles dans un état proche de l'extase. Amos l'observait tandis qu'elle léchait la cuillère. La jeune femme eut la sensation d'un baiser mouillé sur sa nuque. Surprise, elle sursauta.

C'est le signe qu'il éprouve du désir...

Cette constatation ne la rendait pas indifférente, mais elle préféra se convaincre qu'il n'était pas vraiment intéressé. Fauve se concentra à nouveau sur son entremet. Peut-être était-ce l'effet du chocolat sur son esprit, une idée surgit d'un coup.

— J'abuse sans doute, mais j'ai un service à te demander... Comme tu le sais, j'ai du mal à supporter les ondes des machines toxies. Et chez toi, c'est saturé d'ondes ! Est-ce que tu pourrais... éteindre tes appareils ?

Amos se passa la main dans ses longs cheveux bruns, surpris par cette requête.

— Heu oui, j'imagine. Je t'avoue que je ne l'ai jamais fait ! Je suis un peu un geek, tu sais !

— Un quoi ?

— Laisse tomber... Je m'en occupe, et après j'irai chercher tes amis.

La nuit commençait à tomber. Quand Amos alluma les lumières artificielles, Fauve réclama des bougies pour épargner ses yeux sensibles. Amos était visiblement décontenancé par ses demandes, mais il s'exécuta sans broncher.

À la pâle lueur des deux petites chandelles qu'Amos avait dénichées au fond d'un tiroir, Fauve s'installa dans le canapé, et l'homme à califourchon sur une chaise en fer forgé. Dans l'intimité de la faible lumière des flammes, ils discutèrent plusieurs minutes de la suite du plan.

— Je ne comprends pas comment tes amis comptent reconnaître le dealer. C'est un immeuble avec plusieurs appartements ! Ils ne l'ont jamais vu, pas vrai ?!

— Non, on ne pensait pas qu'il vivrait dans un habitat collectif... Mais on a son nom !

— Avec son nom, je pourrais savoir à quoi il ressemble grâce à quelques recherches sur Internet...

Il sortit son smartphone de sa poche. L'appareil était fin comme du papier et brillant comme un miroir.

— Il est en mode « avion »... Ah oui, c'est vrai, les ondes !

— On verra ça plus tard... La priorité est de retrouver mes amis !

— J'y vais.

Amos se leva d'un coup, comme sur ressorts.

— Comment vas-tu les repérer ? s'enquit la jeune femme.

— S'ils sont attifés comme toi, je ne devrais pas avoir de problèmes à les reconnaître !

Il éclata d'un rire franc. La boutade ne fit pas rire Fauve, qui décocha un regard noir au Toxi. Ce dernier gomma son sourire, hocha la tête et sortit sans un mot.

Une fois seule dans l'appartement, Fauve souffla chacune des deux bougies. Ses yeux s'habituèrent peu à peu à l'obscurité. La seule lumière provenait de la rue, filtrée par les persiennes. Tel un chat, la Sensie se lova sur le canapé, les yeux grands ouverts.

Dehors, le vent grondait, la ville bourdonnait. De temps à autre, une sirène hurlait dans la nuit, plainte déchirante qui affolait son cœur.

Mes amis sont là, dehors, à affronter la tempête.

Pour l'instant, elle était à l'abri. L'accalmie serait de courte durée. Pour retrouver Matis et ses amis, Fauve était prête à soulever des montagnes. Mais pas ce soir.

Chapitre 33

Le bruit blanc de la pluie sur les volets avait bercé Fauve jusqu'à la plonger dans un sommeil profond. La tempête qui enflait dehors avait le mérite de calmer ses tourments intérieurs. La jeune femme remerciait Dame Nature par des ronflements de chat enroué, quand son repos s'acheva avec brutalité.

La porte d'entrée claqua et des pas lourds et humides ébranlèrent le sol. Puis, une lumière vive apparut comme par magie.

Aveuglée, Fauve enfonça la tête dans son coussin. Quelqu'un grommela et la lumière baissa un peu.

— Chou blanc, lâcha Amos d'un ton amer. De toute manière, il fait nuit et il flotte. S'ils sont toujours libres, tes amis ont dû s'abriter quelque part.

La Sensie capta, pour la première fois, une émotion, ou plutôt un mélange d'émotions qui émanait du Toxi. Une légère décharge et un frisson. De la frustration et de la fatigue, interpréta-t-elle.

— Même sans la pluie, je ne pense pas qu'ils se seraient approchés de toi sans moi à tes côtés...

— Et c'est maintenant que tu me dis ça ? réagit l'homme avec agacement.

Il jeta sa veste en cuir trempée sur le portant du porte-manteau, puis se débarrassa de ses baskets avec humeur.

— Écoute, j'ai été sympa avec toi, non ? Alors, il va falloir y mettre du tien pour me rendre la pareille... J'ai eu mon frère au téléphone tout à l'heure, un drone lui a tourné autour cet après-midi dans la rue, il pense être repéré par le gouvernement. Il faut qu'il parte, et vite ! s'emporta Amos.

Ses cheveux mouillés, d'un noir de jais, ruisselaient sur son tee-shirt noir. Ses yeux couleur océan avaient retrouvé leur dureté et la fixaient avec colère. Toute la gentillesse qu'il avait laissée transparaître plus tôt s'était envolée. L'homme avait endossé à nouveau son armure. Le cœur de Fauve se pinça : elle avait apprécié les attentions d'Amos, plus qu'elle n'aurait dû sans doute...

N'oublie pas que c'est un Toxi... Il est dangereux de lui faire confiance... La preuve !

Son alarme intérieure venait de s'allumer et elle se redressa, soudain bien éveillée, même si ses paupières s'obstinaient à rester collées.

— Eh, je ne t'ai pas forcé à m'aider ! Et c'est toi qui as voulu y retourner seul, c'était ton idée !

Le ton était accusateur, mais la voix restait calme et posée, par prudence. Fauve avait encore besoin de lui, elle ne voulait pas trop le fâcher... Malgré tout, elle ne pouvait pas non plus se taire, ce n'était pas dans sa nature !

La réaction de la jeune femme doucha quelque peu le Toxi. Il massa sa mâchoire et réfléchit quelques instants.

— Tu as raison, c'était mon idée, admit-il à contrecœur. N'empêche qu'on a trop tourné en rond. Demain, on change d'objectif : il faut qu'on mette la main sur le contact de votre dealer.

— Tu veux aller chez lui ?

— On risque de perdre du temps s'il n'y est pas... Et puis il est peut-être dangereux, il vaut mieux éviter de se retrouver nez à nez avec lui ! Non, je pense faire appel à mon frère. Il va le localiser grâce à son portable. Si tes potes ne se sont pas fait capturer, ils ne devraient pas être loin du dealer !

— Tu veux qu'on bouge maintenant ?

— Non, il commence à être tard et je suis naze. Ça attendra demain matin. Je vais me coucher, bonne nuit.

Il la planta là après un bref hochement de tête. Un peu vexée par ce manque de considération, Fauve décida de piller les placards de la cuisine. Elle trouva très vite deux tablettes de chocolat au lait. Satisfaite, la jeune femme retourna s'asseoir sur le canapé avec sa précieuse trouvaille, qui ne fit pas long feu. Son ventre était plein, mais elle n'avait plus sommeil.

Elle se rendit alors dans la salle de bains. Le miroir lui renvoya cette fois une image plus flatteuse : les plaques et rougeurs avaient presque disparu. Sa masse capillaire était plus indisciplinée que jamais à cause de l'humidité, mais son visage reprenait forme humaine. En revanche, le sac à patates qui lui tenait lieu de tunique, couleur aubergine, ne flattait guère sa silhouette.

Un bourdonnement sourd attira le regard de Fauve vers le lave-linge. Elle regarda d'un œil envieux son survêtement tourner à toute vitesse dans le tambour. La jeune femme lorgna ensuite le sèche-linge qui était empilé sur la première machine.

Si seulement mon jogging pouvait être propre et sec demain. Il me fait l'effet d'une robe ultra-sexy comparé à cette affreuse chemise !

Dépitée, elle s'enfuit de la salle de bains, et se cogna le nez sur quelque chose de dur. C'était le torse d'Amos. Leurs solitudes se croisèrent et une même pensée les traversa, qu'ils repoussèrent à l'unisson. Gênée, Fauve s'éloigna tandis que l'homme s'enfermait dans les W.C.

Est-ce encore du désir que j'ai perçu ? se questionna-t-elle. La jeune femme était à la fois flattée et désorientée. Elle s'endormit après un long moment passé à analyser sa relation tortueuse avec Pierre, et sa nouvelle relation encore plus tordue avec Amos.

C'est un Toxi ! Il faut que je me calme à son sujet... Cette relation est encore plus condamnée que celle que j'entretiens avec Pierre ! Je suis maudite, je crois, maugréa-t-elle une dernière fois avant de sombrer dans un sommeil profond.

Elle fit des rêves bizarres, peuplés de drones distributeurs de chocolat, et de soldats qui lui lançaient des téléphones portables à la figure.

Le lendemain matin, le soleil avait percé les nuages et les derniers cumulus gris s'éloignaient vers l'est. Fauve dégustait une tartine recouverte d'une merveilleuse invention des Toxis : la pâte à tartiner au chocolat-noisette. Amos sirotait son café en silence, la tête baissée. Il était d'une humeur plutôt sombre.

Soudain, une sonnerie stridente résonna dans l'appartement. Amos se leva d'un bond pour aller ouvrir la porte.

Un homme grand et rond pénétra dans le salon. Il avait les cheveux longs comme Amos, de la même couleur. C'était leur seul point commun. Ses yeux étaient aussi bruns que ceux d'Amos étaient bleus ; ils les braquèrent aussitôt sur Fauve.

— C'est elle, la Sensie ? demanda-t-il d'une voix éraillée.

— Fauve, mon frère Malo, les introduit Amos d'une voix tendue.

— Tu as toujours le chic pour te trouver de drôle de copines, frérot, s'esclaffa l'homme, la main posée sur son énorme ventre.

Fauve le fusilla du regard, mais ne releva pas. Malo s'étrangla avec sa salive, toussa puis reprit d'un air plus sérieux :

— Bon, il s'appelle comment, votre coco ?

— Le dealer ? s'enquit-elle.

— Non, le vendeur de kebab en bas de la rue !

Il éclata à nouveau de rire.

— Ça suffit, Malo. Laisse-la tranquille, le réprimanda Amos d'une voix menaçante.

— Oh, ça va, on peut rigoler quand même !

Il sortit de sa sacoche noire un très fin ordinateur portable, d'un gris brillant, puis s'installa sur le sofa. L'écran se projeta en un hologramme devant lui, ce qui rappela à Fauve la femme qui les avait accostés dans la rue, elle et ses compères. Cet événement paraissait à présent si lointain !

— J'attends toujours son nom ? s'impatienta Malo.

Le nom du contact de Biz était gravé dans la mémoire de la Sensie.

— Louis Baragouin.

Le frère d'Amos pianota avec agilité sur les touches tactiles de son clavier pendant quelques minutes. Fauve s'était approché et scrutait l'écran, tout comme son hôte. Elle ne comprenait rien aux images qui défilaient à toute vitesse devant ses yeux.

— Bingo ! annonça-t-il enfin d'un air triomphant et fier. Je sais où est votre gars !

Chapitre 34

Malo installa une application sur le portable de son frère, qui permettait de pister le trafiquant par GPS.

— Grâce à ce logiciel, tu peux le suivre à la trace, il ne peut pas t'échapper, assura-t-il à Amos. Bon, je retourne me cacher dans ma tanière... J'espère que ces connards du gouvernement ne vont pas venir me cueillir avant que tu me sortes de là !

— Tu seras bientôt protégé, je te le promets. Dès que Fauve retrouve ses amis, tu pourras rejoindre leur village.

— Ah ! J'ai toujours rêvé de voyager dans le temps ! s'écria-t-il avec de l'ironie dans la voix. Tu crois que je pourrais quand même garder mon ordinateur portable avec moi si je l'éteins la plupart du temps ?

Fauve toussa.

— Hum, on verra, éluda Amos, mal à l'aise.

Après le départ du hacker, la Sensie s'enferma dans la salle de bains pour enfiler son survêtement fraîchement lavé et séché. À défaut d'être seyante, la tenue était plus confortable que la tunique en lin prêté par Amos.

Elle sortit à pas de loup de la pièce. Quand elle passa devant la porte de la chambre de son hôte, des grognements attisèrent sa curiosité. Elle glissa un œil dans le trou de la serrure.

Assis sur son lit, Amos pressait un tube en métal contre la peau de son poignet. Un léger bruit de piston précéda le râle de contentement qui s'échappa de la gorge de l'homme. Les yeux clos, le corps avachi, il savourait le moment.

On dirait qu'il vient d'avoir un orgasme. C'est quoi, son truc ? De la drogue ?

Perplexe, Fauve retourna au salon et s'affala dans l'un des fauteuils. Elle ne savait que penser de la scène à laquelle elle venait d'assister à l'insu du Toxi. La jeune femme se rappela que, lors de leur première rencontre dans le magasin, Amos lui avait proposé un patch diffuseur d'hormones. Et si le tube était une sorte de seringue, et la drogue, un mélange d'hormones ?

Quand Amos réapparu, Fauve se garda bien d'évoquer son étrange addiction. Après tout, elle-même était accro au chocolat. Ce dernier avait de forts pouvoirs calmants sur son organisme sensible. Pas autant que le sexe, mais les effets n'étaient pas si éloignés...

Son bas-ventre s'échauffa un peu quand elle fixa le postérieur d'Amos, qui s'était baissé pour ouvrir un placard dans le coin cuisine. Son esprit dérivait vers des pensées salaces.

Amos nu et couvert de chocolat...

— C'est toi qui as mangé mes tablettes de chocolat ? la questionna soudain le Toxi.

Oh oui, je les mangerais bien, tes tablettes...

— Oh, tu m'écoutes ?!

— Désolée. Je, heu oui, c'est moi. J'avais faim cette nuit...

Les joues en feu, honteuse, elle se redressa dans le fauteuil. Amos secoua la tête, un léger sourire aux lèvres. La réaction de Fauve l'amusait, selon toute vraisemblance.

Peu après, ils s'élancèrent tous deux hors du bâtiment. Au cœur de la jungle urbaine, le cerveau de Fauve se ratatinait sous le joug des ondes électromagnétiques. Elle devait lutter pour garder l'esprit clair, malgré les élancements qui cinglaient son crâne sans relâche.

Amos avait enfilé une montre qui, reliée à son téléphone mobile, affichait une carte interactive sur laquelle se déplaçait un point lumineux. L'homme avait choisi de ne pas la projeter en hologramme pour plus de discrétion. La carte était trop petite pour que Fauve puisse y voir quoique ce soit. Le Toxi lui avait expliqué que son implant auriculaire lui permettait d'entendre les instructions du GPS, sans que quiconque autour puisse entendre le moindre son. Il la guidait donc tant bien que mal sur le trottoir. Fauve vacillait souvent, en proie à des vertiges.

La chaleur ambiante ajoutait à son malaise. La peau moite, la jeune femme se cognait aux passants malgré les efforts d'Amos pour la maintenir debout.

Quand il l'entraîna dans un escalier souterrain, Fauve gémit de douleur. Sa vue se troubla et ses jambes cessèrent de la soutenir.

— Nom de Dieu, Fauve, je ne vais pas pouvoir te soutenir longtemps ! se plaignit Amos, haletant.

— Je n'en peux plus, c'est trop dur, murmura la jeune femme, à bout de forces.

Il l'assit sur une chaise en métal dont la froideur traversa le tissu du jogging que portait Fauve. Cette fraîcheur bienvenue lui fouetta le sang.

La gélule bleue ! C'est la solution si je veux pouvoir affronter la ville et ses foutues machines !

Fauve fouilla son sac à dos à la recherche du médicament capable de la rendre insensible aux ondes. Jusque-là, elle avait évité de la gober par prudence, et aussi par peur. Les éventuels effets secondaires d'une telle drogue l'effrayaient. Mais elle n'avait plus le choix.

— Cette gélule va me rendre Toxi pendant une heure environ. L'effet est instantané... Enfin, normalement !

Une fois la gélule dans la main, elle hésita néanmoins. Les yeux rivés sur le comprimé d'un bleu vif, elle tremblait d'appréhension.

Soudain, Amos se leva.

— Dépêche-toi de l'avaler ! Je crois qu'on a des superflics aux trousses ! s'affola-t-il.

Elle leva la tête et balaya les quais du métro du regard, inquiète.

— Des quoi ?

Deux hommes attirèrent son attention par leurs carrures imposantes, leurs visages impassibles, et leurs longues vestes noires incongrues par cette météo estivale. Ils descendaient l'escalier et s'apprêtaient à franchir les portiques avec nonchalance.

Quelque chose clochait dans leur démarche. Ils n'étaient pas si détendus que ça, si Fauve se fiait à son don. Les poils de ses avant-bras venaient de se hérisser ; une décharge d'électricité acheva de lui signaler le danger.

Fauve goba la gélule puis bondit en avant. La rame de métro venait d'arriver en quai. Les portes s'ouvrirent après un bip prolongé. Elle tira le bras d'Amos pour l'entraîner dans le wagon, alors que le duo suspect s'était élancé à leur poursuite. Une alarme sonna, puis les portes se fermèrent.

— Ils ont réussi à sauter quelques wagons derrière nous, l'informa Amos d'une voix effrayée. Il va falloir qu'on se fasse la malle au prochain arrêt, sinon ils vont remonter jusqu'à nous ! Tu te sens mieux ?

Fauve se sentait requinquée. Son mal de tête s'était évanoui comme par magie, et plus rien n'agressait ses sens. Même le brouhaha qui régnait dans la rame bondée et les relents de sueur fétide ne la gênaient pas.

— Je pourrais courir un marathon, là tout de suite ! s'exclama Fauve, survoltée.

Après quelques instants, le wagon stoppa et une petite musique précéda la voix suave d'une femme qui annonça : « station Charles de Gaulle »

Les portes coulissèrent. Fauve et Amos s'élancèrent hors de la rame comme un seul homme. Les superflics, comme les avait nommés Amos, se jetèrent à leurs trousses.

Chapitre 35

Alors que Fauve et Amos se hâtaient d'insérer leurs tickets dans les portiques, fébriles, leurs poursuivants couraient dans leur direction. Leur vitesse était stupéfiante. Hasard salvateur, les super-flics avaient davantage de distance à parcourir pour atteindre la sortie.

Une fois dans les escalators, la Sensie se retourna. Les deux armoires à glace sautaient comme des cabris au-dessus des bornes, un exploit qui laissa les autres usagers du métro pantois. Amos attrapa le bras de Fauve pour la forcer à enjamber les marches de l'escalier mécanique quatre à quatre. Cette technologie lui était étrangère, mais elle s'élança sans appréhension à la suite du Toxi. La drogue l'avait rendue imperméable à la peur.

Quand ils atteignirent la rue, les traqueurs, d'un énorme bond, avaient atteint le haut de l'escalator. Les pans de leurs imperméables flottaient dans l'air tel de grandes ailes noires à chacun de leur saut surhumain.

On dirait des chauves-souris géantes, constata Fauve sans émotion particulière. Elle n'avait néanmoins aucune envie de tomber dans leurs griffes.

La bouche de métro perçait le flanc droit d'une grande place, noire de monde. Un événement quelconque mobilisait une foule bigarrée autour de stands bondés, et une musique aux accents hispaniques résonnait aux quatre vents. Une légère odeur sucrée de barbapapa chatouilla les narines de Fauve tandis qu'elle et Amos tentaient de fuir les assaillants qui se rapprochaient mètre après mètre, d'un pas rapide et déterminé.

Un cortège dansant les happa soudain. Les costumes colorés, exubérants à souhait, cachaient avec efficacité les silhouettes ternes du duo, si bien que les superflics les perdirent de vue. Ils se collèrent à un couple couvert de plumes et de rubans bariolés et les suivirent dans leur procession.

— Le défilé se dirige vers la gare, on dirait. Je vais louer une voiture pour qu'on se tire de là ! lui glissa Amos à l'oreille. De toute manière, le dealer a quitté la ville.

Sa montre projetait une carte devant lui, sur laquelle clignotait toujours le voyant symbolisant la progression du dealer. Fauve détailla son compagnon avec un œil nouveau, plutôt critique.

Il est grand et balourd, et son visage n'est pas bien proportionné. Son nez est trop fort, et sa bouche trop charnue. Quel charme ai-je bien pu lui trouver ? En réalité, cet homme ne me fait ni chaud ni froid !

Amos surprit ce regard glacial, et arbora par la suite un air d'animal blessé qui laissa indifférente la Sensie.

Le cortège se dirigeait vers la gare à l'allure d'un escargot en fin de vie. Inquiets, Amos et Fauve guettaient la présence de leurs poursuivants parmi la masse grouillante de carnavaliers. Une imposante structure de verre se dressa enfin devant eux. Malgré l'effet insensibilisant de la gélule, Fauve en resta bouche bée. Jamais elle n'avait vu pareille construction.

— Reste pas plantée là ! C'est par là ! s'écria Amos, soudain très agité.

Des portes coulissantes s'ouvrirent pour les laisser passer. Un gigantesque hall les accueillit. Au sol, une surface lisse couleur bois tranchait avec une forêt de colonnes métalliques blanches. Ces piliers soutenaient une immense verrière qui leur donnait l'impression d'être à ciel ouvert.

— Allez, on est peut-être encore pourchassés ! gronda son équipier en l'entraînant avec brusquerie vers la gauche.

Fauve faisait le pied de grue devant l'agence de location pendant que le Toxi parlementait avec le guichetier. Amos lui avait ordonné de rester cachée derrière une colonne pour surveiller le hall. Le décor grandiose distrayait néanmoins la jeune femme dans sa tâche.

Petit à petit, des sensations désagréables refirent surface. Un bourdonnement dans les oreilles, une odeur désagréable dans les narines, un flash de douleur dans le crâne...

Je redeviens Sensie...

Ce n'était pas de gaîté de cœur ! La souffrance reprit ses quartiers dans son corps sans demander de permission. Les épaules de Fauve s'affaissèrent, sa tête tourna quelques secondes.

Quelle plaie !

Jamais elle n'avait regretté d'être Sensie auparavant. Certes, elle ne croyait pas aux théories évolutionnistes qui proclamaient la supériorité du Sensi sur le Toxi. Certes, elle aimait les avantages que pouvait procurer la technologie si elle était respectueuse de l'environnement. Mais elle ne désirait pas être Toxie et vivre comme eux, dans un monde synthétique créé de toute pièce, coupée de la nature pour de bon. Leur mode de vie était néfaste, pour eux comme pour la Terre.

Il faut reconnaître que c'est reposant d'être Toxie ! soupira-t-elle pourtant. *C'est comme d'être plongé dans de la ouate....*

Amos la tira de ses pensées. Il agita une petite carte en plastique devant son nez puis l'attira vers une lourde porte à battant. Derrière, un large parking extérieur sur lequel une armada de voitures se reposait à l'ombre de la monumentale gare.

— Elle est électrique, j'espère ? geignit Fauve avant de s'installer sur le siège passager de la petite auto bleue.

— Bien sûr ! s'offusqua Amos, comme si la Sensie venait de l'insulter.

Le véhicule démarra sans bruit et quitta la zone, au grand soulagement de la jeune femme. Sa migraine s'amplifiait dans des proportions inquiétantes.

Amos remarqua son changement d'attitude et s'enquit de sa santé. Fauve fut touchée par sa sollicitude et le trouva si craquant qu'elle en rougit. Des mèches folles s'échappaient de son chignon pour caresser son visage aux mâchoires saillantes. Quant à son regard, Fauve avait envie de se noyer dans ses iris d'un bleu profond.

Comment ai-je pu le trouver moche tout à l'heure ? Cette drogue rend aveugle, on dirait ! Ou alors ce sont mes émotions qui m'aveuglent ? Me paraîtrait-il séduisant si j'étais réellement Toxie ?

Ces réflexions lui donnaient encore plus mal à la tête, elle les chassa donc. Une fois sur la rocade, le duo se détendit. Ils avaient a priori semé pour de bon leurs assaillants.

— C'était quoi, le regard que tu m'as lancé tout à l'heure ? se risqua à demander Amos en jetant un coup d'œil furtif à Fauve.

— De quoi tu parles ?

Le ton qu'avait employé la jeune femme était plus agressif que souhaité.

— Je ne sais pas. Tu m'en veux pour quelque chose de particulier ? rétorqua-t-il d'un ton hésitant.

— Non, enfin, je ne crois pas.

Elle réfléchit quelques instants avant de poursuivre.

— Écoute, j'ai l'impression que la gélule bleue ne fait pas qu'atténuer les sens des Sensis. On dirait qu'elle anesthésie aussi les émotions...

— Quelles émotions ?

— Oh, je ne sais pas, je ne suis pas scientifique !

Fauve ne voulait pas s'aventurer sur ce terrain glissant, elle préférait couper court à la conversation. La jeune femme fit mine de s'endormir. Maintenant qu'ils étaient sortis de la ville, les ondes l'agressaient moins. D'autant qu'Amos avait déconnecté le GPS embarqué et la plupart des gadgets électroniques de l'auto. Elle était tentée de se laisser bercer par le ronronnement du moteur, mais de nombreuses pensées parasites la maintenaient éveillée. Elle pensait souvent au sort de ses amis, et à la relation qu'elle pourrait peut-être entamer à nouveau avec Pierre quand elle le retrouverait.

Seulement, elle n'était pas sûre de vouloir se jeter encore une fois dans cet imbroglio sentimental qui lui avait tant pourri la vie par le passé. Ses sentiments devenaient en outre de plus en plus confus à mesure qu'elle passait du temps avec Amos. Cet homme, en apparence distant et coléreux, l'avait prise sous son aile et la protégeait de ses ennemis. Bien sûr, il avait un intérêt dans l'affaire, celui de mettre à l'abri son frère parmi les Sensis. Mais était-ce son seul moteur dans cette histoire ? Elle avait soudain envie de sonder ses motivations.

— Pourquoi m'aides-tu autant ?

Le Toxi sursauta. Il la regarda et plissa les yeux, puis finit par hausser les épaules.

— Tu sais bien pourquoi je t'aide !

— Oui, mais je ne suis pas persuadée que c'est la seule raison. Tu te rappelles ta réaction quand on s'est rencontrés dans le magasin ? Tu as bien eu quelques mouvements d'humeur depuis, mais ton attitude s'est considérablement adoucie ! Même si elle est affreuse, tu m'as trouvé une tenue de rechange, fait à manger, soutenue dans la rue... Tu as même accepté de débrancher tes fichus appareils pour m'épargner l'effet des ondes électromagnétiques ! Tu n'étais pas obligé de faire tout ça.

Amos se passa la main dans les cheveux. Une légère décharge électrique sur l'épiderme sensible de Fauve l'avertit de la gêne ressentie par l'homme.

Intéressant...

Son regard restait rivé sur la route. Il faisait très chaud dans l'habitacle, du fait de la climatisation désactivée. Les vêtements collaient à la peau du duo, le malaise ambiant n'arrangeait rien. Ils suaient tous deux à grosses gouttes.

— Si tu veux tout savoir, je crois que je t'aime bien, déclara Amos avec une légère timidité dans la voix.

Leurs regards se croisèrent. Celui d'Amos était charmeur. Fauve sentit le feu rosir ses joues. Elle pria très fort pour que ses taches de rousseur masquent son trouble.

— Ah, se borna-t-elle à répondre, trop choquée pour dire autre chose. Moi aussi, enfin je crois.

Mais quelle conne ! C'est tout ce que t'as à dire ! hurla sa conscience.

Jamais elle n'aurait pensé ressentir de tels sentiments envers un Toxi !

La voiture pila tout à coup. Le corps de Fauve plongea en avant avec une violence inouïe qui lui coupa la respiration.

Chapitre 36

Le crissement des pneus sur la chaussée se mêla au cri aigu qui s'échappa du gosier de Fauve. La ceinture de sécurité lui étreignit la poitrine si fort qu'elle eut l'impression d'avoir les côtes brisées. La voiture quitta sa trajectoire pour finir sa course perpendiculaire à la route. Après une longue glissade, l'auto s'arrêta. Enfin.

Un lourd silence régna quelques instants dans l'habitacle, troublé néanmoins par la respiration saccadée de la Sensie. Passé le choc, la colère prit le pas sur la peur.

— Par Gaïa, Amos, qu'est-ce qui t'a pris de freiner comme ça ?!

Le cœur de Fauve cognait à tout rompre dans sa poitrine endolorie. Elle avait l'impression qu'un boa constrictor lui enserrait le torse.

— Désolé, mais je crois que j'ai loupé le chemin qu'on devait prendre pour rejoindre l'endroit indiqué par le signal GPS...

À l'inverse de Fauve, Amos n'avait pas l'air traumatisé par ce freinage brutal.

Est-ce ma condition de Sensie qui me rend si impressionnable ?

Il est vrai qu'elle n'était pas accoutumée à la vitesse de ces engins motorisés, et n'avait donc pas l'habitude des arrêts d'urgence.

Il avait l'air penaud et la regarda avec un air contrit. Cela n'empêcha pas Fauve de lui décocher un regard assassin.

Peut-être que je suis trop sensible, mais il est censé être au courant que je ne suis pas comme lui ! Il m'aime bien, la belle affaire ! Ça ne l'empêche pas de me malmener visiblement !

Ce comportement lui rappelait celui de Pierre, qui n'était pas non plus le champion de la prévenance... Un mauvais point pour Amos !

— Tu n'as pas intérêt à recommencer ça ! le menaça-t-elle, le doigt levé en signe d'avertissement.

Amos pencha la tête en avant, ce qui lui permit de se cacher derrière les mèches de ses longs cheveux bruns. Il marmonna quelque chose entre ses dents qu'elle ne parvint pas à entendre, mais qui ressemblait à tout, sauf à des gentillesses...

Sans doute par provocation, il fit demi-tour à toute vitesse, puis accéléra pied au plancher, pour s'engager bientôt, dans un grand mouvement de volant, sur le chemin qu'il avait manqué plus tôt. La jeune femme grogna.

Rancunière, Fauve décida d'ignorer le conducteur ostensiblement et se plongea dans la contemplation du paysage. Ce décor champêtre lui était beaucoup plus familier que la ville. L'étroite route serpentait au milieu de champs, de hameaux et de bois à l'odeur familière. Argoat lui manquait plus qu'elle n'aurait cru... Le serpent de douleur délaissa sa poitrine pour s'enrouler autour de son cœur.

Est-ce que ma mère me recherche ? A-t-elle lancé une nouvelle expédition ? Et mes compagnons d'infortune, que sont-ils devenus ? La piste que nous suivons va-t-elle nous conduire à eux ?

Quant à son frère, elle l'imaginait séquestré et drogué par de malveillants Toxis... Fauve ne pouvait concevoir qu'il ait choisi de quitter la tribu de son plein gré !

Elle fut tirée de ses pensées par un nouveau coup de frein, moins brusque cependant que la fois précédente. La jeune fille s'apprêtait à ouvrir la bouche pour exprimer son mécontentement, quand Amos lui attrapa le bras avec nervosité.

— Regarde, là, derrière les arbres.

Fauve fouilla la végétation du regard. Derrière les arbres touffus qui bordaient la route, elle distingua les contours d'un bâtiment en bois. Il se confondait avec la nature de façon déconcertante.

— J'ai l'impression qu'il y a un panneau plus loin. Je vais avancer jusque-là, murmura Amos, même si personne ne pouvait les entendre parler.

La voiture roula au pas jusqu'à la pancarte.

« Hôpital psychiatrique L'Endroit Joli », lut le duo. La pancarte était surmontée d'une flèche qui désignait l'entrée du parking.

Amos grimaça, les sourcils de Fauve se plissèrent.

— C'est quoi, un hôpital psychiatrique ? s'enquit-elle, perplexe.

— Tu ne sais pas ce qu'est un hôpital ?

— C'est un peu l'équivalent de nos dispensaires, il me semble. Mais l'autre mot, je ne le connais pas.

— Vraiment ? s'étonna Amos. C'est là qu'on soigne les maladies qui ne se voient pas, celles qui viennent de la tête, expliqua-t-il avec un geste équivoque du doigt sur la tempe.

— Pas la peine de me parler comme à une débile mentale ! se vexa-t-elle. Ce n'est pas parce qu'on n'a pas besoin de lieux comme celui-ci dans nos villages qu'il faut me traiter avec condescendance !

Amos souffla fort, avec néanmoins son habituel sourire en coin, qui trahissait un certain amusement.

— Parmi tous les calmes Sensis qui vivent sur Terre, il fallait que je tombe sur toi !

L'homme lui lança un regard rieur, mais affectueux. Aussitôt, la colère de Fauve s'envola.

On dirait qu'il apprécie mon tempérament, s'étonna Fauve. *D'habitude, mes répliques agacent plus qu'autre chose, mais lui semble aimer les joutes verbales !*

Pierre l'aurait rembarrée puis se serait enfermé dans sa coquille, comme l'autiste en puissance qu'il était désormais...

Je suis injuste, c'est normal qu'il soit ainsi après ce qui lui est arrivé... L'agression qu'il a subie l'a à jamais marqué. J'étais là, j'ai tout vu, sans doute a-t-il du mal à le digérer. Mais de l'eau a coulé sous les ponts ! S'il n'arrive pas à se sentir bien en ma compagnie maintenant, sans doute n'y arrivera-t-il jamais ! Je dois aller de l'avant, penser à moi. Mais est-ce que ce Toxi pourrait me rendre enfin heureuse ? J'en doute. Nous sommes trop différents. Jamais il ne quittera la ville, et moi, jamais je ne pourrais vivre dans leur monde de fous ! Cette histoire qui n'a pas encore débuté est déjà condamnée ! Mon instinct me dit qu'il y a une étincelle qui ne demande qu'à s'embraser, mais je vais me brûler les ailes si je vais plus loin, c'est inévitable...

Son humeur s'assombrit à nouveau. Amos fronça ses sourcils, inquiet de ce revirement.

— Je plaisantais, tu sais... Les gens mous et trop gentils m'ennuient, je préfère ceux qui ont du caractère !

Malgré ses doutes, le visage de Fauve s'éclaira.

Il lui adressa à son tour un sourire éclatant.

— Bon, j'y vais. Je vais me garer dans le parking, ensuite on avisera.

Amos appuya sur l'accélérateur, puis gara l'auto près de la sortie du parking, et à relative bonne distance de l'entrée de l'hôpital.

À l'abri dans l'habitacle, le Toxi et la Sensie détaillèrent l'immeuble, d'allure très moderne, mais qui se fondait avec brio dans son environnement forestier. Il était composé de grands cubes, empilés de façon a priori anarchique, comme de la main d'un enfant. La surface de ces blocs était composée de diverses essences de bois. Une mosaïque de nuances, du blond clair au brun foncé, perdait l'œil qui peinait à déterminer les contours de cette construction originale. De minuscules fenêtres perçaient les parois du bâtiment. Certaines avaient des barreaux.

Le voyant du GPS était à présent immobile. Il clignotait au beau milieu du rectangle qui symbolisait la clinique sur le plan du Smartphone. Pas de doute, le trafiquant toxi se trouvait bien ici. Cet hôpital servait-il de prison pour les compagnons sensis de Fauve ? Cette dernière jeta un nouveau regard sur les barreaux des fenêtres du dernier étage. C'était probable. Peut-être que Matis, Pierre, Lila et Olive la voyaient à travers le carreau ?

Fauve ouvrit enfin sa portière.

— Attends, on n'a pas de plan ! s'exclama Amos en tentant de la retenir.

Elle était déjà dehors. Il sortit à son tour en grommelant.

— Si tes amis et ton frère sont bien là, ça m'étonnerait qu'on nous laisse entrer facilement ! lui glissa-t-il dans l'oreille en lui empoignant le bras.

Son beau visage était crispé. Les mâchoires serrées, il hésita un instant puis l'entraîna sur son sillage.

— Après tout, cet établissement est censé être ouvert à tous ! On va faire un petit tour dans le hall pour voir s'il est facile de circuler à l'intérieur, OK ? Ton accoutrement risque d'attirer l'attention, mais tant pis ! Fais profil bas, je m'occupe de tout ! Et si je serre le poing, comme ça, c'est le signal pour se carapater vite fait ! D'accord ?

— Ça marche...

Maintenant qu'ils avançaient vers les portes coulissantes de l'entrée de la clinique, Fauve mourait d'envie de faire demi-tour pour s'enfermer dans la voiture. L'appréhension lui serrait l'estomac. L'envie de retrouver ses amis était heureusement plus forte que sa peur.

À quelques mètres du seuil, elle leva la tête, comme mue par un pressentiment. Fauve étouffa un cri, quand elle vit, là-haut, à travers la fenêtre qui la surplombait, le visage flou, et néanmoins reconnaissable de son petit frère...

Chapitre 37

Était-ce un mirage ? Non, elle était sûre d'avoir vu Matis à la fenêtre. Ses boucles blondes, son visage fin, sa moue un peu arrogante... L'émotion la submergea tout à coup. Fauve attrapa le bras d'Amos pour l'avertir, mais ce dernier le tira aussitôt en avant sans même lui jeter un regard, fixé sur son objectif.

Les portes vitrées coulissèrent à leur passage, et une odeur infecte remplaça le parfum délicat de la forêt. Les effluves de Javel parfumée au citron de synthèse dominaient l'air rafraîchi de manière artificielle. Fauve fronça le nez et décida de respirer par la bouche. Son cœur battait la chamade.

Matis est là ! hurlait une voix hystérique dans sa tête.

La Sensie s'employa à ralentir son pouls et à recouvrer son sang-froid. L'enjeu était trop important, elle devait se maîtriser. Ce n'était pas évident, car les ondes électromagnétiques étaient ici plus fortes qu'à l'extérieur. Malgré l'habitude, Fauve grinça des dents quand elle sentit la migraine pulser à nouveau avec force dans ses tempes. Quelques profondes respirations plus tard, Fauve fut enfin capable de se concentrer sur son environnement.

Le hall était vaste, mais le plafond trop bas écrasait le champ de vision. Fauve eut subitement des palpitations, en proie à la claustrophobie. Le béton ciré au sol, d'un gris mat, tranchait avec les murs immaculés, égayés par quelques peintures qu'un enfant aurait pu réaliser, du moins de l'avis de la jeune femme.

Près d'une rangée de fauteuils colorés, une plante verte attira l'attention de Fauve, qui tentait de se raccrocher à quelque chose de familier, mais en passant devant, elle constata avec dépit et consternation que celle-ci était factice. Amos lui gronda de ne pas perdre de vue leur objectif quand il réalisa qu'elle restait plantée devant le végétal artificiel.

La pièce n'était occupée que par deux infirmières en blouses blanches, qui bavassaient dans un coin, et un vieil homme aux longues moustaches grises qui tapotaient sur les touches d'un appareil décoré d'une grosse tasse de café fumante.

Sur la gauche du hall, un couloir menait à des portes d'un gris métallisé que Fauve identifia, grâce à sa maigre expérience du monde toxi, comme des ascenseurs. Pour accéder à ces élévateurs, Amos lui expliqua qu'il fallait traverser l'arche bizarre qui marquait l'entrée du couloir. À la droite du vestibule, un deuxième arc de métal surplombait un autre corridor, aux murs gris égayés par de multiples portes jaune vif.

— Il faut sûrement être habilité pour franchir les portiques sans encombre, murmura-t-il, le front soucieux. Viens, on va s'asseoir quelques minutes pour observer le processus. Hors de question de se faire repérer par un signal d'alarme !

— Mais, Amos... Je viens de voir mon frère, il est dans l'une des chambres du dernier étage ! chuchota Fauve avec émotion. Il m'a regardée, il sait que je suis là ! Je dois absolument le rejoindre pour le tirer de cet endroit abominable...

Le Toxi écarquilla les yeux, surpris par cette révélation, puis se rapprocha pour se coller à Fauve, une main sur sa taille comme s'il s'agissait de sa compagne. Ce geste intime lui cloua le bec. Elle sentait son souffle chaud sur son oreille quand il susurra :

— Je comprends ta hâte, mais sache que jamais nous n'arriverons à franchir les barrières qui nous séparent de Matis, et peut-être de tes amis, dans la précipitation... Tu me fais confiance ou non ?

Fauve recula pour plonger une nouvelle fois dans ses yeux aux reflets durs et froids, qui l'avaient au départ pétrifiée. Les iris, semblables à deux lacs glacés, dégelaient peu à peu pour laisser entrevoir un feu intérieur... dans lequel elle pourrait bien se brûler les ailes si elle continuait sur cette voie... De vieilles braises qu'elle croyait éteintes s'étaient aussi rallumées dans son cœur. Seul Pierre avait eu ce pouvoir jusque-là. Néanmoins, cet homme restait une énigme. Que savait-elle de lui ? Finalement, pas grand-chose...

— Oui, répondit-elle tout de même avant de détourner le regard, animée par des émotions contradictoires.

Le vieillard, qui venait de terminer de boire son café avec force bruits de succion, jeta le gobelet en carton dans une poubelle. Il s'avança d'un pas claudiquant vers le portique qui intéressait les intrus.

Avant de franchir l'arche, un mécanisme se déclencha, et une sorte de pluie de lumière tomba de l'applique fixée au plafond sur le vieil homme. Ce dernier attendit le signal, un bip joyeux qui l'autorisa à passer.

Amos pesta aussitôt entre ses dents, qui étaient, remarqua la jeune femme, d'un alignement parfait et d'une blancheur éclatante. Rares étaient les Sensis qui bénéficiaient d'une dentition pareille. Leur médecine n'était, il est vrai, pas tout à fait du même niveau... S'ils n'étaient pas des barbares et recouraient à certaines drogues et certains appareils pour soulager leurs maux, issues ou non de la technologie toxie, les Sensis ne pouvaient pas rivaliser avec leurs voisins dans ce domaine...

— C'est quoi, ce machin ? s'enquit Fauve, éberluée.

— Je t'expliquerai dehors. Je suis désolé, mais on ne peut rien faire pour le moment, ce serait trop dangereux. Rentrons chez moi, il faut réfléchir à un plan pour déjouer ce dispositif.

— Mais...

— Non, ne dis plus rien, lui ordonna-t-il d'un ton sans appel.

Sans la ménager, Amos la poussa vers la sortie. Une fois à l'extérieur, ce qui aurait dû être une bouffée d'oxygène lui comprima les poumons.

Je l'abandonne, alors qu'il n'est qu'à quelques mètres de moi, presque à portée de main...

Fauve leva la tête vers la fameuse fenêtre dont les barreaux ne lui disaient rien qui vaille. Son fol espoir s'étiola, personne ne se trouvait derrière la vitre.

Elle n'arrivait pas à se calmer. Amos avait démarré en trombe pour quitter ce lieu qui retenait son frère prisonnier. L'était-il vraiment ou avait-il choisi d'être interné ?

Non, c'est impossible ! Il ne le supporterait pas ! La lettre de Bastien était un ramassis de conneries... Il nous a menés en bateau, ce type horrible est à la solde des Toxis, c'est certain !

Si, à l'aller, Fauve n'avait que très peu ressenti l'effet des ondes électromagnétiques sur son cerveau, le retour fut bien plus éprouvant. Sans doute avait-elle encore été un peu protégée par la drogue lors de leur fuite hors de la ville. Ou bien la fatigue amenuisait sa résistance. La douleur montait crescendo, mais atteignit son paroxysme au niveau du barrage.

— Allez, courage, c'est presque fini, l'encouragea Amos tandis qu'elle se tenait la tête entre les mains, recroquevillée sur elle-même, en proie à une migraine atroce.

Le ciel était devenu noir ; l'air, lourd et chargé d'électricité, les étouffait. D'énormes nuages anthracite grondaient d'une voix profonde dont la vibration se propageait jusque dans les os. Le jour avait laissé la place à une pénombre oppressante, une nuit artificielle aux ombres menaçantes.

Un flash de lumière fit sursauter le duo. Les hautes barres d'immeubles de Rennes, qui pointaient à l'horizon, clignotèrent en négatif pendant quelques instants derrière les paupières de Fauve.

— Vite, je n'en peux plus, gémit la Sensie, dont la fièvre devenait insupportable.

Amos rejoignit le centre-ville aussi vite que possible, puis se gara sur le trottoir qui longeait son logement. Il aida Fauve à s'extraire du véhicule et la porta presque jusqu'à son appartement. Malgré sa souffrance, la jeune femme appréciait ce contact rapproché, source de curieuses accélérations de son rythme cardiaque...

Elle s'allongea sur le sofa, très éprouvée par le bombardement d'ondes que son pauvre organisme avait subi une nouvelle fois. Le Toxi s'affaira dans la cuisine pour préparer des sandwichs à la va-vite. L'heure affichée sur la pendule numérique du salon indiquait que l'après-midi était déjà bien avancé, et ils ne s'étaient pas restaurés depuis le matin.

L'odeur de nourriture réveilla l'appétit de Fauve, qui recouvrait peu à peu ses esprits. Elle se concentra sur sa respiration et la douleur se fit moins mordante. Au fil du temps, elle arrivait à composer avec ce mal insidieux qui l'aiguillonnait sans cesse... et parvenait presque parfois à l'oublier ! Du moins quand les attaques n'étaient pas trop virulentes...

— Il faut prendre des forces, affirma Amos d'un ton péremptoire, presque paternel.

Pour appuyer ses dires, il engloutit une grosse bouchée de son club sandwich au jambon. Malgré elle, Fauve était un peu dégoûtée par l'odeur de viande froide. La jeune femme prit néanmoins sur elle pour manger quelques crudités et un casse-croûte beurre-fromage.

Des images de porc coupé en tranches dans une machine aux allures de guillotine lui nouaient l'estomac. Elle entendait presque les couinements affolés du cochon.

Mon imagination me joue des tours. Je suis vraiment trop impressionnable, s'il remarque ma répulsion, il va se moquer de moi. Ne regarde plus cette fichue barquette en plastique et oublie l'odeur ! s'intima-t-elle.

La perspective d'un dessert chocolaté la motiva à finir son repas. Une fois rassasiée, elle se rendit compte qu'Amos et elle n'avaient presque pas discuté depuis leur départ de l'hôpital. Elle leva le nez de son yaourt au chocolat et s'aperçut que le Toxi la scrutait avec attention.

Ce regard azur la troublait profondément. Amos se massait les maxillaires, un geste qu'il répétait souvent quand il était en proie à d'intenses réflexions, avait remarqué Fauve. Grâce à son ouïe fine, elle percevait les crissements de sa barbe de trois jours contre ses doigts. Les mèches de sa crinière brune ondulaient le long de son visage taillé à la serpe.

Soudain, il se rencogna contre le dossier de sa chaise.

— Bon, j'ai une idée pour forcer la sécurité de l'hôpital, mais on va avoir besoin de l'aide de mon frère pour pirater les systèmes informatiques de l'établissement.

— Tu ne m'en as pas encore parlé, mais c'est pour ça qu'il est recherché, n'est-ce pas ?

Amos, l'air las, s'essuya le front avec le bas de son tee-shirt. Fauve écarquilla les yeux quand elle eut un aperçu des abdominaux de son interlocuteur.

Plutôt pas mal du tout ! apprécia-t-elle, déconcentrée.

— Pour une fois qu'il ne se servirait pas de ses talents pour une bonne cause..., marmonna Amos, qui n'avait rien remarqué. Je vais l'appeler tout de suite.

Fauve le laissa s'isoler dans sa chambre, impatiente de connaître la suite du plan, frustrée de ne pouvoir rien apporter à l'affaire. La Sensie n'entendait rien aux technologies toxies, elle dépendait donc totalement de son allié pour retrouver son frère et ses amis.

Va-t-il profiter de l'intimité de sa chambre pour s'injecter cette étrange drogue qui lui procure tant de plaisir ? Bah, ça ne me regarde pas...

Elle était néanmoins curieuse... et peut-être un peu jalouse aussi, même si elle ne parvenait pas à se l'expliquer.

Amos la retrouva dans le salon, illuminé d'un grand sourire satisfait. Debout près du canapé, elle se précipita vers lui, fébrile.

— Je ne vais pas rentrer dans le détail, car tu ne comprendrais pas, mais Malo va nous permettre de déjouer la sécurité de la clinique. On tentera le coup après-demain, ça nous laissera le temps de peaufiner notre plan.

— Après-demain ? s'affola Fauve. Mais il faut agir tout de suite ! Je ne vais pas rester les bras croisés alors que mes amis sont séquestrés juste à côté d'ici.

— Et tu comptes t'y prendre comment pour entrer ? Tu veux forcer la sécurité et te faire capturer à ton tour ? Brillante idée ! railla Amos.

Elle souffla, consciente qu'elle n'avait en réalité pas le choix.

— Est-ce que tu me fais confiance ?

C'était la deuxième fois de la journée qu'il lui posait cette question. L'homme avait approché son visage très près du sien. Geste qui mit Fauve mal à l'aise.

Qu'attend-il à la fin ?

Elle avait confiance en lui, mais une confiance somme toute relative. C'était un Toxi après tout, et ses motivations n'étaient toujours pas, aux yeux de Fauve, très claires... Elle décida de le tester, juste pour voir s'il était sincère avec elle.

— J'ai envie de te faire confiance, mais pour cela j'aimerais en savoir plus sur toi... Tu connais mon histoire, mais moi, je ne sais pas grand-chose de toi...

Amos recula d'un pas, le visage soudain fermé.

— Que veux-tu savoir ?

— Je ne sais pas... Tant de choses... Par exemple, quelle est cette drogue que tu t'injectes ?

Chapitre 38

Tous deux restèrent figés de surprise. Fauve, parce qu'elle avait posé à voix haute cette question qui la taraudait depuis le matin, Amos, quant à lui, était visiblement choqué.

Ses yeux s'étrécirent, et il s'avança vers la jeune femme d'un pas menaçant. Sa haute stature était impressionnante, si bien que Fauve se recroquevilla comme un animal apeuré à son approche de façon instinctive.

— Encore de l'espionnage ! C'est une manie propre à tous les Sensis ? Ta mère ne t'a jamais appris que la curiosité était un vilain défaut ? réagit-il avec véhémence.

La jeune fille sentit ses joues s'empourprer.

Amos avait l'air très en colère. À raison, car Fauve avait conscience de dépasser les limites. Elle se rappela leur première rencontre. Il avait menacé de la livrer aux sniffeurs lancés à ses trousses, puis l'avait traînée jusqu'à la porte de son magasin sans aucun scrupule. Ce n'était pas la pitié qui l'avait retenu dans son geste, mais la perspective de sauver son frère d'une arrestation imminente.

Malgré son changement de comportement depuis, Fauve ne pouvait s'empêcher de ressentir encore de la méfiance envers Amos. Elle avait besoin de connaître ses motivations profondes dans cette histoire. Il avait avoué l'apprécier, mais elle n'avait aucune idée du degré de cette appréciation. L'un des moyens d'y parvenir était de le pousser dans ses retranchements. Tant pis si elle le fâchait, elle devait obtenir des réponses !

Fauve croisa les bras puis haussa le menton, comme si la proximité de son hôte ne l'impressionnait pas le moins du monde.

Je ne suis pas sûre de donner le change, je tremble comme une feuille ! Heureusement qu'il n'a pas mes pouvoirs !

La Sensie, quant à elle, avait les poils et les cheveux dressés par les ondes de colère générées par le corps d'Amos. Il la toisait toujours, le front tordu par la désapprobation. Ses yeux lançaient des éclairs. Gênée, elle baissa un peu la tête pour fixer son torse musclé, moulé dans un tee-shirt gris, qui se soulevait à intervalles très réguliers. Une vision bien plus agréable que son visage déformé par le courroux, mais qui ne la calma pas, bien au contraire.

— Je... je suis désolée de t'avoir épié, mais j'aimerais vraiment savoir ce que tu faisais. Si tu me caches des choses, je vais avoir beaucoup de mal à t'accorder ma confiance. Après tout, tu es un Toxi, par définition, un ennemi juré de mon peuple ! Comment puis-je me fier à toi, sans même te connaître ?

Il accusa le coup, visiblement touché par cette attaque.

— Je pensais t'avoir montré qui j'étais, murmura-t-il avec du ressentiment dans la voix. Et puis, je crois que tu ne m'as pas tout dit non plus quand tu m'as raconté tes péripéties. Par exemple, tu m'as paru bien évasive à propos de l'un de tes compagnons... un dénommé Pierre ?

Fauve secoua légèrement la tête, déconcertée par ce retournement de situation.

— Je t'ai dit le principal, le reste ne te concerne pas ! Tu sais bien plus de choses à mon propos que moi à ton égard. Je suis en position de faiblesse dans cette histoire, j'ai besoin d'être certaine que tu ne vas pas me planter un couteau dans le dos à un moment ou à un autre !

Amos éclata d'un rire sans joie, une lueur d'amertume dans le regard.

— On en est là ?! J'ai eu de multiples occasions de te faire du mal ou de te livrer à la police, tu ne crois pas ?

— C'est vrai, avoua Fauve, qui regrettait déjà ses propos injustes.

Après un long moment de silence, Amos se gratta le menton, l'air songeur. Toute colère l'avait quitté pour laisser la place à une intense réflexion.

— Bon, si tu tiens tant à découvrir mes vices, suis-moi ! l'invita-t-il d'un ton provocant, un sourire carnassier aux lèvres.

Surprise, Fauve se laissa distancer pendant qu'Amos se rendait dans sa chambre. La jeune femme prit son courage à deux mains pour lui emboîter le pas, bien décidée à découvrir la face sombre de ce Toxi qui l'intriguait tant.

Le volet, à demi fermé, conférait une ambiance feutrée à cette petite pièce meublée de manière spartiate. Les murs étaient clairs, mais une fenêtre, en face du lit, offrait une vue sur les ténèbres.

— Tu veux regarder un film ? plaisanta Amos, qui avait suivi son regard. C'est une télévision, si jamais tu te demandes ce que c'est.

Fauve haussa les épaules, puis chercha un endroit où s'asseoir. L'homme tapota le bord du matelas sur lequel il s'était installé, un sourire narquois collé sur son visage d'ange. Un peu gênée d'être si proche de lui sur sa propre couche, elle obéit néanmoins du bout des fesses.

Amos ouvrit le tiroir de sa table basse pour en sortir le fameux tube en métal, de la longueur de son index. Il le manipulait comme un objet précieux. L'homme s'éclaircit la voix avant de parler.

— Ceci est... un dopeur.

Devant le silence de son invitée, Amos poursuivit d'une voix mal assurée, empreinte d'un léger malaise. Toute moquerie avait quitté ses propos.

— Cet instrument injecte un cocktail d'hormones naturelles capables de doper l'organisme. Chacun peut se concocter une dose personnalisée selon son humeur, ou bien ses envies du moment... Le dopeur peut donner un coup de fouet, ou au contraire favoriser le sommeil. Et tout cela sans effets indésirables, hormis l'addiction psychique bien entendu...

Fauve n'était pas trop surprise, c'était plus ou moins ce qu'elle s'était imaginé.

— Ah... et quel type de cocktail préfères-tu t'injecter ? s'enquit-elle néanmoins, une fois encore poussée par sa curiosité débordante.

Amos passa la main dans ses longs cheveux, en proie à un malaise palpable. Il battait du pied nerveusement et refusait de la regarder dans les yeux.

— Tu ne veux pas me le dire ? insista-t-elle en réaction à son mutisme. Dans ce cas, injecte-le-moi !

Il se raidit aussitôt. L'air interdit, le Toxi lui jeta un regard effaré.

— Sûrement pas ! Tu es folle ou quoi ! Qui sait ce que ça pourrait te faire ? Et puis, mes doses ne sont pas du tout adaptées à ce genre d'expérience !

Un excitant parfum d'interdit commençait à émoustiller Fauve. L'opposition d'Amos ne faisait que renforcer sa détermination.

J'en ai assez de souffrir, je veux m'amuser un peu ! Il a dit qu'il s'agissait d'hormones naturelles, non ? Je ne pense pas risquer grand-chose à essayer... Et puis merde ! Ras le bol d'être un bon petit soldat !

Cédant à son impulsivité, elle arracha l'outil des mains d'Amos d'un geste prompt avant de l'appuyer avec fermeté sur son propre poignet. Une piqûre aussi vive et succincte que la morsure d'un insecte... Puis des vagues de plaisir irradièrent son bas-ventre, d'abord douces et caressantes ; bientôt, le ressac s'intensifia, de plus en plus violent. Fauve n'arrivait plus à réfléchir, elle se sentit basculer en arrière, retenue par un bras puissant qui la déposa lentement sur le matelas.

Amos plongea ses yeux acier dans les siens. Une flamme de désir s'était allumée dans le regard de son hôte. Le souffle haletant, en proie à une fièvre toujours plus forte, Fauve attrapa la main d'Amos pour la plaquer sur sa poitrine. Le Toxi laissa échapper une exclamation de surprise, mais ne se fit pas longtemps prier pour caresser Fauve à travers l'étoffe du tee-shirt et de son soutien-gorge.

La Sensie gémit quand il glissa ses deux mains sous le tissu. Ses longs doigts habiles se promenèrent un temps sur la peau de son ventre, tandis que le bassin de Fauve ondulait contre son avant-bras sans aucune retenue. Ses instincts la dominaient totalement, aucune pensée cohérente n'émergeait plus de son esprit. Amos se pencha sur elle, approcha ses lèvres des siennes, qui, entrouvertes, l'appelaient sans vergogne. Le baiser qu'ils échangèrent était brûlant. Leurs langues s'enlacèrent avec fougue, tels deux serpents de lave en fusion.

Amos choisit ce moment pour tirer fort sur le tissu du soutien-gorge, geste qui libéra les seins de Fauve. Il s'empara aussitôt de l'un d'eux avec un grondement de plaisir. Son autre main se fraya un chemin sous les fesses de la jeune femme afin de la décaler un peu. Ainsi, il put l'allonger totalement sur le lit. Il la contempla quelques instants avec convoitise, avant d'enlever son tee-shirt. Ses muscles saillants aimantèrent le regard de Fauve, qui ne put s'empêcher d'en caresser les contours du bout des doigts. Elle se tordait sous le joug des lames de jouissance provoquées par la drogue, accentuées par les caresses expertes d'Amos. Avec lenteur, l'homme se glissa entre les jambes ouvertes de la Sensie.

Il plaqua son bassin contre l'entrejambe de son amante avec une fougue animale. Ils portaient toujours leurs pantalons, mais elle apprécia tout de même la grosseur du renflement contre lequel elle se frottait désormais avec avidité, en poussant de petits cris. Ce va-et-vient déclencha une escalade de sensations qu'elle ne put contrôler. Son corps se tendit pour parer à l'ouragan de jouissance qui la terrassa tout à coup. Amos la serra fort contre son torse ferme et ruisselant de sueur pendant cet instant de grâce, le souffle rauque et le corps tremblant.

Alors qu'elle descendait de son nuage, à moitié endormie tant cet épisode l'avait épuisée, Fauve murmura :

— Oh, Pierre… C'était si bon…

Aussitôt, son amant se crispa, puis se dégagea de leur étreinte.

— Que viens-tu de dire ?

Chapitre 39

La décharge qui cingla la peau de Fauve lui fit l'effet d'une gifle. Interdite, elle fixa d'un regard hébété le visage tordu de colère d'Amos. Peu à peu, le ressentiment laissa place à la déception sur les traits du Toxi. Mais c'est d'une voix coupable qu'il déclara enfin :

— C'était une erreur, je... je n'aurais pas dû profiter de la situation... Excuse-moi, bafouilla-t-il avant de quitter la chambre avec précipitation.

Fauve aurait voulu le retenir, mais aucun mot ne voulait franchir ses lèvres, après cet énorme lapsus. Était-il révélateur ? Certainement... Mais que signifiait-il ?

La Sensie sursauta quand elle entendit la porte d'entrée claquer. Le fait qu'Amos ait voulu s'isoler était compréhensible... À vrai dire, c'était même plutôt un soulagement. Fauve aussi avait besoin d'un moment de solitude.

La jeune femme se redressa avant de se diriger d'un pas mal assuré vers la salle de bains. Ses jambes tremblaient encore sous le coup de l'orgasme puissant qui l'avait terrassée dans la chambre. Elle ouvrit le robinet pour asperger son visage échauffé d'eau fraîche. Puis elle contempla son visage rougi par la honte, que son bronzage ne parvenait pas à dissimuler. Ses iris d'ordinaire émeraude avaient tourné au vert bouteille. Ses cheveux formaient une masse informe autour de sa tête, emmêlés comme jamais.

Ma tête pourrait servir de balai-brosse pour les chiottes !

« Oh, Pierre... C'était si bon... » Ces mots qu'elle avait prononcés plus tôt résonnèrent à nouveau dans sa tête, de plus en plus vite, de plus en plus fort, ritournelle sadique et moqueuse qui ne voulait pas se taire.

Par Gaïa ! Qu'est-ce qui m'arrive ? Dois-je blâmer la drogue que je me suis injectée sans réfléchir ?

Fauve secoua la tête, consciente que ce serait se voiler la face. Bien sûr, la substance l'avait échauffée... Amos avait tiré avantage de la situation, il en avait fait l'aveu, mais la Sensie ne parvenait pas à lui en vouloir. Même après avoir recouvré ses esprits. En réalité, elle avait pris son pied grâce à ces simples préliminaires. La drogue avait allumé la mèche, mais c'était Amos qui l'avait embrasée...

Alors pourquoi l'ai-je appelé Pierre après l'extase ?

Ses sentiments pour Pierre étaient certes confus, mais il était clair que son absence avait creusé un vide dans son ventre. Fauve avait besoin de le revoir pour être fixée sur l'avenir de leur relation. Il se trouvait en danger, et elle éprouvait le besoin viscéral de le serrer à nouveau dans ses bras, même si Fauve ne pouvait augurer d'un avenir commun.

Amos, lui, ébranlait chaque jour qui passait ses certitudes. Cet homme au sourire charmeur et au regard pénétrant réveillait son cœur épuisé par des années de « je t'aime moi non plus » avec Pierre. Les frissons de l'inconnu étaient délicieux, mais trop effrayants pour relâcher la bête en soif d'amour qui dormait dans sa cage thoracique.

Fauve poussa un long soupir puis traîna ses savates jusqu'à la cuisine.

Mon amour pour le chocolat est le seul qui ne souffre d'aucun doute... Lui ne me trahira jamais !

Il ne restait plus qu'un paquet de chocos. La quantité de chocolat présente dans les gâteaux était décevante, mais procurait tout de même une certaine satisfaction. Ce n'était tout de même pas au niveau du flirt avec Amos, constata la jeune femme avec dépit.

Il rentra après plus de deux heures d'absence, la mine sombre et les vêtements trempés. Il était sorti sans veste, et la pluie ruisselait encore sur son visage et ses cheveux. Dehors, l'orage grondait toujours, comme un écho à l'humeur du Toxi. Le regard qu'il jeta à Fauve était peu amène. Le bleu de ses yeux était plus froid que jamais.

Fauve se releva du canapé, très mal à l'aise face à l'homme qui l'avait mise dans tous ses états dans un moment d'égarement.

— On peut parler ? gémit-elle d'une voix tremblante.

Il grommela un « si tu veux » bourru avant de s'affaler dans l'un des fauteuils, sans se soucier de mouiller le tissu.

— Je... je suis désolée pour ce que j'ai dit... Je ne sais pas pourquoi je t'ai appelé Pierre... Même si je dois t'avouer que c'est quelqu'un d'important pour moi. Nous ne sommes plus ensemble, mais notre histoire est compliquée et...

— Tu n'as pas à t'excuser, la coupa Amos d'une voix sèche. Tu ne me dois pas d'explications. Ce que j'ai fait était impardonnable, ça ne se reproduira plus. Je me suis laissé emporter, alors que je ne pensais plus ça possible depuis l'apparition de la maladie, ajouta-t-il d'un air songeur.

— Tu es malade ?

Il cligna des yeux, a priori surpris par sa propre révélation. L'homme hésita, mais finit par poursuivre en se frottant le menton.

— Je suis atteint depuis quelques années d'un mal qui se répand de plus en plus parmi notre population... Un tabou dont personne ne parle, donc il est logique que vous, les Sensis, ne soyez pas au courant...

Fauve s'accroupit près de lui et lui saisit la main. Il la retira aussitôt.

— Quel est ce mal ? Explique-moi...

Il secoua la tête, fuyant le regard et l'empathie que la jeune femme tentait de lui transmettre, même si elle savait que son pouvoir ne fonctionnait que dans un sens. Fauve attrapa à nouveau sa main et la serra assez fort pour l'empêcher de se dérober. Amos releva le menton. La Sensie soutint son regard avec toute la détermination dont elle était capable. Elle n'en avait pas beaucoup, mais Amos encore moins. Il baissa les yeux et souffla fort.

— Si tu veux vraiment le savoir, je suis atteint de perte sensorielle généralisée. PSG pour les initiés, et je ne parle pas d'un célèbre club de foot, ironisa-t-il.

— Quoi ? Tu veux dire que tu deviens insensible, comme lorsque j'étais sous l'effet de la gélule, dans le métro ? s'étonna Fauve.

— Non, pas tout à fait. Si je te parlais comme tu m'as parlé dans la rue ce matin, quand la drogue agissait encore sur toi, tu ne serais pas restée longtemps ici, dit-il avec amertume. La perte sensorielle concerne principalement l'épiderme et les terminaisons nerveuses.

— Ah... Et concrètement, qu'est-ce que ça provoque ?

— Je suis presque insensible à la douleur...

— C'est plutôt une bonne chose, non ?

— Et presque insensible au plaisir aussi... ajouta-t-il d'un ton acerbe, avec une once de défi dans la voix.

— Oh, souffla Fauve. Ce n'est pas l'impression que j'ai eue tout à l'heure, mais j'ai dû me méprendre...

Cette révélation lui fit du mal, car elle était certaine qu'Amos avait lui aussi ressenti du plaisir lors de leur étreinte passionnée.

— Non, ce n'était pas une méprise, murmura-t-il, si bas que Fauve dut tendre l'oreille. Je ne peux me l'expliquer, mais c'est sans importance à présent. Je vais t'aider à rejoindre l'homme que tu aimes et qui occupe toutes tes pensées, sauver la vie de mon frère par la même occasion, et après... après, chacun reprendra le cours de sa vie.

Chapitre 40

Sans laisser à Fauve le temps de rétorquer, Amos se leva puis partit s'enfermer dans sa chambre.

Quelques minutes plus tard, une douleur intense vrilla le crâne de la Sensie.

Je crois qu'il a rompu sa promesse d'éteindre ses appareils électroniques en ma présence… Je ne peux pas vraiment lui en vouloir après ce qui s'est passé !

Fauve colla son nez à la vitre de l'une des fenêtres du salon. Ses pensées étaient aussi sombres que le ciel violacé. De fins nuages noirs le zébraient, et de violentes bourrasques faisaient claquer les volets.

Comme un écho à ce déchaînement des éléments, le maelström dans l'esprit de Fauve lui mettait les nerfs en pelote. La jeune femme mourait d'envie d'ouvrir la fenêtre pour hurler dans le vent sa solitude, sa colère et sa frustration. Son cri s'étouffa cependant dans sa gorge, et de fines larmes coulèrent à la place sur ses joues, brûlantes et acides comme la douleur qui palpitait dans sa tête.

Après avoir tourné en rond tel un lion en cage pendant plusieurs heures, Fauve prit la décision de rejoindre Amos dans sa chambre.

Il va sans doute me jeter, mais j'ai besoin de lui parler… Je ne supporte plus d'être seule et ignorante du sort qui m'attend !

Elle frappa à la porte, l'estomac crispé et le cœur tambourinant. Après d'interminables secondes d'attente, la poignée s'abaissa. Le visage fermé d'Amos apparu dans l'interstice, mais la porte resta mi-close. Fauve s'empêcha de baisser les yeux pour détailler son corps dénudé, mais ne put s'empêcher de remarquer qu'il ne portait qu'un caleçon.

— Que veux-tu ? l'interrogea-t-il d'un ton circonspect et un poil agressif.

— Juste te parler, répliqua-t-elle d'une petite voix.

Il hésita un instant.

— J'arrive, lâcha-t-il avant de refermer la porte.

Bon, de toute évidence, je ne suis plus la bienvenue dans son antre… Mais il accepte de me parler, c'est déjà ça !

Vêtu d'un jogging et d'un tee-shirt noir enfilés à la va-vite, il s'assit avec raideur sur son fauteuil habituel. Fauve était quant à elle positionnée sur le canapé, les genoux repliés devant son visage. Elle avait adopté cette attitude défensive de manière instinctive.

— Je t'écoute, dit Amos en plantant son regard dur dans le sien.

Tu sais mettre à l'aise, dis-moi, grinça intérieurement Fauve. Mais elle se lança.

— Quel est le programme de demain ? J'aimerais connaître ton plan...

Amos éclata d'un petit rire amer.

— C'est ça qui t'empêche de dormir ?

— Il y a beaucoup de choses qui m'empêchent de trouver le sommeil, figure-toi ! rétorqua Fauve d'une voix chargée de non-dits.

— Vraiment ? s'enquit Amos d'une voix plus douce, une étincelle dans les yeux.

Fauve croisa les bras, bien décidée à ne pas se laisser distraire.

— Tu vas répondre à ma question, oui ou non ?

Le Toxi se frotta la mâchoire quelques instants, puis poussa un soupir.

— Demain matin, je vais d'abord sortir t'acheter quelques vêtements dans une boutique pour Aspirants... Ton survêtement ne ressemble à rien, tu te fais trop remarquer en le portant ! Malo s'attelle déjà à nous fabriquer de fausses identités, pour que nous puissions nous faire passer pour de simples visiteurs. Ainsi, nous pourrons traverser le portique de sécurité sans encombre, et accéder aux étages supérieurs...

— Je doute que ça suffise pour accéder au dernier, celui où est enfermé Matis. À mon avis, il est plus sécurisé ! le coupa Fauve.

— C'est aussi ce que je pense, poursuivit Amos d'un ton un peu agacé. En cas d'obstacle, j'enverrais un signal à mon frère pour qu'il enclenche la phase deux du plan.

Fauve l'encouragea à s'expliquer d'un hochement de tête impatient.

— Il va injecter un virus informatique dans les réseaux actifs à cet endroit, qui provoquera un court-circuit sur tous les engins électriques connectés. La panne va certainement se propager bien au-delà de la clinique, mais tant pis !

— Et s'il y a des gardes humains ? Des superflics comme ceux qu'on a déjà eus à nos trousses ?

Amos haussa les épaules.

— Les implants sont électroniques et se connectent au réseau Internet ou mobile. Grâce au virus, ils ne fonctionneront momentanément plus et les gardes retrouveront leur force initiale. Il en va de même pour les armes qui sont un prolongement de leurs implants.

— OK, ils ne seront plus armés, mais ils auront l'avantage du nombre. Même si tu es costaud, tu ne feras pas le poids...

Un sourire carnassier fendit le beau visage d'Amos.

— Ce n'est pas non plus une caserne, petite. De nos jours, on compte bien plus sur les machines que sur les hommes pour assurer la sécurité. C'est une faiblesse qui va tourner la situation à notre avantage.

— Je ne vois pas bien quel sera notre avantage... Nous sommes deux, pour combien de Toxis à l'intérieur de ce complexe ?

Le sourire d'Amos s'élargit encore un peu, de plus en plus intimidant.

— Oh, ne t'inquiète pas pour ça, petite.

Pourquoi l'appelait-il « petite » tout à coup ? Était-ce pour établir une distance entre eux ?

Je déteste ça, en tout cas..., bouillonna Fauve.

— Je suis désolée, mais ça ne va pas suffire, dit-elle d'un ton sec. Si tu veux que je me jette dans la gueule du loup à tes côtés, tu vas devoir m'expliquer pourquoi je ne devrais pas m'inquiéter.

Le rictus de son interlocuteur s'effaça, et son regard se durcit.

— Pour plusieurs raisons. La première, je suis ceinture noire de krav maga, une méthode de combat et d'autodéfense très efficace. La deuxième, je suis dur au mal, le seul avantage procuré par ma maladie. Enfin, je connais très bien les cocktails hormonaux, et celui que je m'injecterai avant la mission me permettra d'être hypervigilant et rapide...

Fauve resta muette face à tant de conviction. Amos était sa meilleure option pour rejoindre les membres de sa tribu. Elle ne demandait qu'à croire en la réussite de son plan. Le Toxi la fixait avec détermination, une lueur de défi dans les prunelles. Il attendait de voir si elle allait émettre des doutes.

La Sensie en avait, bien sûr, mais les garderait pour elle.

— J'ai confiance en toi, déclara-t-elle avec assurance. Si tu penses qu'on a une chance d'y arriver, je te suivrais.

— À la bonne heure ! s'exclama Amos avec un peu plus de chaleur dans la voix.

Une part de la tension qui émanait de son corps s'évacua comme par magie.

— Si tu veux être en forme, il va falloir dormir maintenant, lui intima-t-il après s'être levé prestement. Bonne nuit, petite !

— Ne m'appelle pas petite ! s'écria Fauve, agacée.

— Je t'appelle comme je veux, souffla Amos avant de disparaître dans le couloir.

Chapitre 41

— Tu veux que je mette ça ? s'étonna Fauve.

Elle détaillait la tenue que lui tendait Amos avec des yeux ronds.

— Quel est le problème, petite ? rétorqua le Toxi d'un ton sec.

— La jupe n'est pas un peu courte ? Et ce chemisier, tu es sûr que c'est ma taille ? J'aurais préféré une tenue plus confortable ! se plaignit la Sensie en froissant les vêtements entre ses doigts.

Amos s'emporta et lui jeta presque les habits à la figure.

— Un sac à patates à la place, ça t'irait ?! Ça fait des jours que tu portes un jogging informe, tu peux bien supporter quelques heures une tenue plus féminine, non ? Mais si vraiment ça ne te plaît pas, rien ne t'empêche d'aller l'échanger en magasin. Il est situé à deux pâtés de maisons, je te donne l'adresse si tu veux !

Une bouffée de haine monta en elle.

Par Gaïa, il est vraiment devenu imbuvable !

— Selon ton plan, demain on ira rendre visite à notre tante schizophrène, pas danser, il me semble !

Il se contenta de la fixer intensément. Son regard bleu acier, inflexible, était plus froid qu'un iceberg, mais une flamme sauvage brillait au sein de ses iris. Fauve n'avait pas envie de découvrir ce que cachait cette lueur menaçante...

On dirait qu'il a envie de me sauter dessus ! Pour m'embrasser ou m'étrangler, telle est la question...

— OK, je vais la mettre ta tenue... mais tu as intérêt à me trouver d'autres chaussures, sinon je reste pieds nus ! Franchement, quelle idée d'imaginer une Sensie avec des talons ! maugréa-t-elle avant de s'éclipser dans la salle de bains.

Amos l'attendait dans le salon, mais Fauve eut envie de se cacher dans un trou de souris quand il braqua ses yeux perçants sur elle. La jupe en lin, couleur ivoire, s'arrêtait bien au-dessus des genoux et moulait son arrière-train bien plus que toutes les jupes qu'elle avait portées jusque-là. Le chemisier blanc, en coton, n'était finalement pas très serré au niveau des hanches, mais sa poitrine opulente tendait le tissu à cet endroit et menaçait de faire sauter les boutons, qui d'ailleurs étaient inexistants au-dessus du décolleté.

Elle n'était d'ordinaire pas pudique, mais ses oreilles s'échauffèrent quand Amos la déshabilla d'un regard appréciateur, sans aucune gêne. Son bas-ventre se crispa, puis ses poings pendant qu'elle repoussait la sensation de toutes ses forces. Elle la remplaça par de la colère.

Je ne vais pas lui faire le plaisir de réagir positivement à son comportement déplacé, même si mon corps a décidé par lui-même...

— Tu peux arrêter ça ? Tu as fait exprès d'acheter cette panoplie pour m'humilier, n'est-ce pas ? gronda-t-elle, les joues rouges.

Il haussa un sourcil arrogant et s'enfonça un peu plus dans le dossier du fauteuil.

— Pour t'humilier ? ricana-t-il. Non, mais pour me rincer l'œil, certainement ! Il faut bien que je trouve des motivations dans cette affaire...

— Salaud ! s'exclama Fauve, moins remontée qu'elle l'aurait cru néanmoins.

Même si elle ne voulait pas se l'avouer, l'intérêt du Toxi pour ses formes voluptueuses la flattait... et embrouillait encore un peu plus son esprit.

Tu ne peux pas savoir ce que tu veux à la fin ? se sermonna-t-elle. *Et surtout qui ?*

Elle renfila son jogging avec soulagement. Quand elle revint dans le salon, le frère d'Amos était là, assis sur le canapé, son ordinateur portable sur la table basse.

— Ah voilà ta petite fleur des champs, frérot ! s'écria Malo avec emphase quand il l'aperçut. On prend goût à la ville et à ses occupants ?

— Je ne suis la petite fleur de personne, et je ferais tout pour échapper à cet air toxique, mais merci de t'en préoccuper ! lâcha-t-elle d'un ton acide. Et toi, es-tu prêt à dire adieu à ton ordinateur pour vivre au grand air ?

Les deux frères firent tous deux la grimace, mais pas pour les mêmes raisons d'après les émotions qu'elle capta à la volée.

Bien fait !

Après deux heures d'une discussion truffée d'un jargon technologique totalement abscons aux oreilles de Fauve, Malo leva son gros fessier du canapé, dont l'assise s'était creusée sous son poids.

— À bientôt, petite fleur, la railla-t-il avec un clin d'œil.

Fauve serra les dents puis esquissa un léger sourire.

— Rira bien qui rira le dernier, murmura-t-elle avec sadisme tandis qu'elle imaginait Malo pleurer sa chère technologie, vautré dans la paille.

Une fois au village, sa vie allait radicalement changer. Son petit doigt lui soufflait qu'il était loin d'être le candidat idéal pour vivre au sein d'une tribu sensie.

Peu après son départ, Fauve réalisa qu'elle n'était pas sortie de l'appartement de la journée, constatation qui lui donna aussitôt des palpitations. Jamais elle n'était restée aussi longtemps enfermée. Une balade dans le quartier ne lui disait cependant rien qui vaille, pas avec cette migraine, ce serpent qui serrait ses anneaux autour de son crâne dès qu'elle s'exposait trop aux ondes. Elle ouvrit néanmoins les fenêtres pour s'aérer un peu les idées, sous le regard curieux d'Amos, qui lisait (ou feignait de lire) un magazine.

Elle fronça le nez quand l'air chargé de pollution agressa ses narines, ce qui la poussa à refermer les fenêtres avec précipitation.

Amos éclata d'un rire franc. La Sensie rit à son tour, mais le changement d'expression sur le visage du Toxi lui indiqua que l'atmosphère était loin d'être apaisée.

— Amos, j'aimerais qu'on fasse la paix... murmura-t-elle d'une voix gênée. Au moins pendant le temps de la mission. Si on n'est pas sur la même longueur d'onde, ça risque de mal tourner, tu ne crois pas ?

Amos haussa les épaules avec une nonchalance qui ne cadrait pas avec ses traits tendus. Fauve s'assit à côté de lui sur le sofa, plus près que nécessaire, s'aperçut-elle après coup.

— Écoute, j'ai merdé hier soir, tu as toutes les raisons de m'en vouloir. Le pire, c'est que je ne sais même pas pourquoi j'ai prononcé son nom…

L'homme se raidit, sans doute se remémorait-il ses paroles qui l'avaient tant blessé. Il secoua la tête.

— Je te l'ai déjà dit, je n'ai pas besoin d'explications ! Et si quelqu'un a merdé, comme tu dis, c'est bien moi ! s'emporta le Toxi en secouant ses longs cheveux bruns.

Son visage farouche s'était approché du sien, et Fauve eut tout à coup le regard aimanté sur ses lèvres charnues, et pourtant masculines.

Une vraie incitation à la débauche…

Amos se pencha encore un peu en avant quand il vit ce qu'elle fixait, même si une flopée d'émotions contradictoires l'étreignait, si Fauve en croyait les diverses décharges électriques qui couraient le long de ses avant-bras… Alors que leurs lèvres se frôlaient, il recula d'un bond.

— Bon Dieu, qu'est-ce qui m'arrive ? l'entendit-elle grommeler entre ses dents lors de sa fuite.

Une fois encore, il la laissa seule pour s'enfermer dans sa chambre. Elle dîna en tête à tête avec elle-même.

Une bien triste compagnie…

Dans la soirée, alors qu'elle se goinfrait de chocos, affalée sur le sofa, un air d'une musique étrange attira son attention. Il provenait de l'antre du Toxi. Comme enchantés, ses pas la guidèrent vers la porte qui la séparait d'Amos.

Il va te jeter, qu'est-ce que tu crois, persifla sa voix intérieure. *Et qu'est-ce que tu cherches ?*

Je me fiche des conséquences ! La vérité est que je me sens affreusement seule, et j'ai peur de ce qui m'attend demain. Je ne comprends pas grand-chose au plan d'Amos et de son frère, mais je sais une chose : à la même heure demain, on sera peut-être morts, ou du moins emprisonnés...

Son poing frappa doucement contre le bois.

Chapitre 42

— Retourne au salon ou tu vas le regretter !

La voix autoritaire d'Amos résonna derrière la porte, qu'il n'avait pas daigné ouvrir.

— J'aimerais juste te parler...

Après un long silence, la poignée s'abaissa et le visage du Toxi, fermé, mais avec une lueur étrange dans les prunelles, l'invita d'un hochement de tête à entrer. Il était torse nu, ce qui donna tout de suite des palpitations à la jeune femme. Quand il se retourna pour se diriger vers le lit, le regard de Fauve se fixa instantanément sur son fessier, moulé dans un boxer noir qui ne cachait rien de son anatomie. Il s'assit et s'appuya contre le cadre de lit en tek.

Son corps était proche de la combustion spontanée, mais elle se força à détourner les yeux de protubérance qui grossissait à vue d'œil entre les jambes d'Amos. Sur la table de chevet trônait son dopeur.

— Je peux savoir à quoi tu joues ? s'échauffa Fauve, les poings serrés pour se retenir de lui sauter dessus. Je croyais que tu m'en voulais ?

L'homme s'étendit davantage sur sa couche, les mains derrière la tête. Le geste était de toute évidence calculé, car il mettait en valeur ses muscles ciselés et aimantait encore plus le regard sur son entrejambe de plus en plus gonflé. Une onde de chaleur traversa celle de la Sensie tandis qu'elle mobilisait toutes ses forces pour se concentrer sur le visage tendu d'Amos. Elle remarqua ses pupilles dilatées au milieu de ses iris très clairs, et la sueur qui mouillait son front.

Il a un peu abusé de sa drogue, on dirait… mais ça ne l'a pas calmé visiblement !

— Je ne t'en veux pas, murmura-t-il d'un ton pourtant chargé de reproches. Je laisse ton amoureux te chanter la sérénade, ce genre de prestation n'a jamais été dans mes cordes et ne m'intéresse pas ! Par contre…

D'un mouvement souple, il se leva et s'approcha de Fauve, tel un félin sur le point d'attaquer sa proie. Sa grande taille l'obligea à se baisser pour approcher son visage du sien. Fauve remarqua tout à coup qu'il ne portait plus de parfum synthétique, seul un léger effluve mentholé se mêlait à son odeur naturelle, indéfinissable, mais tellement attractive…

— Par contre, reprit-il d'une voix rauque, je ne peux cacher mon attirance pour toi…

Comme si ce n'était déjà pas suffisamment clair, il se colla à elle, son sexe engorgé tout contre le ventre de Fauve. Malgré l'épaisseur de la tunique informe qu'elle avait à nouveau revêtue, elle sentit la chaleur de son membre traverser l'étoffe pour marquer au fer rouge sa peau frissonnante. Amos lui saisit les bras et continua sa déclaration enfiévrée :

— Fauve... Depuis que je suis malade, je n'éprouve quasiment plus rien, je suis comme un zombie. Des années d'errance, seul mon dopeur parvenait à me procurer un semblant de sensations. Mais, toi... tu réveilles mes sens comme aucune autre n'a réussi à le faire, et je ne peux résister plus longtemps à mes pulsions...

— Mais...

Amos étouffa toute protestation d'une manière radicale : il plaqua sa bouche contre celle de Fauve avec vigueur. Le baiser, âpre et exigeant, devint bientôt d'une sensualité extrême quand la Sensie cessa de résister. Elle entrouvrit les lèvres et la langue du Toxi s'engouffra immédiatement à l'intérieur pour s'enrouler autour de la sienne avec avidité. Un long frisson traversa le dos de Fauve, qui gémit bientôt de désir. Les mains du Toxi délaissèrent ses bras pour caresser ses fesses, puis il descendit plus bas pour remonter sa tunique. Surprise par son empressement à la débarrasser de sa tenue, Fauve attrapa ses poignets pour le stopper. Il se dégagea avec un grognement.

— Je n'en peux plus de tes tenues informes, je veux voir ton corps ! gronda-t-il en remontant à nouveau la robe, la mâchoire serrée, les yeux fous.

Ses cheveux noirs ondulaient avec sensualité autour de son visage ciselé. Dominée par ses instincts, Fauve lâcha ses poignets. Il la remercia par un nouveau baiser insatiable, puis fit passer la tunique par-dessus sa tête. Amos s'éloigna un peu pour dévorer des yeux le corps de la jeune femme.

Oh ! Je n'ai pas de soutien-gorge ! se rappela-t-elle soudain quand elle l'entendit haleter.

Les Sensis n'étaient d'ordinaire pas pudiques, mais la faim dont faisait preuve Amos la décontenançait. Son corps lançait des pics d'électricité inédits sur celui de Fauve, tel un taser dédié à la luxure.

Ses mains puissantes s'emparèrent de sa poitrine avec fougue, puis ses doigts titillèrent ses tétons avec un peu plus de douceur. Fauve était tout de même surprise par les caresses brusques et passionnées du Toxi, qui tranchaient avec celles de ses précédents amants sensis, plus doux et patients. Cette rudesse l'excitait au plus haut point. Elle se cambra et émit un petit cri, juste avant qu'Amos la retourne brusquement, puis la renverse sur le matelas.

Il se jeta sur la jeune femme tel un lion, et engouffra sans préambule sa main dans sa culotte en coton. Ses doigts fourragèrent avec avidité et habilité son intimité déjà plus qu'humide. Les pulsations de plaisir montèrent crescendo puis s'accélérèrent quand il inséra son majeur tout en caressant du pouce son clitoris. Un orgasme puissant la cueillit d'un coup. Son gémissement se perdit dans la bouche brûlante de son amant, qui tremblait de désir sous les doigts de Fauve. Fidèle à son patronyme, elle avait griffé la peau de ses fesses et de son dos pendant ces préliminaires délicieux.

Soudain, le Toxi se releva pour ouvrir le tiroir de son chevet. Il en sortit un flacon brillant, dont il pressa la pompe pour s'enduire le sexe d'un gel transparent. Familière de ce produit, Fauve demanda juste si le préservatif invisible était anallergique, comme ceux utilisés par les Sensis. Il confirma d'un hochement de tête impatient avant de repartir à l'assaut de son corps.

Il s'enfonça d'un coup, mouvement qui arracha un hoquet à Fauve. Amos était plutôt bien doté… Elle se noya dans son regard de métal en fusion. Ardent. Passionné. Une main sous ses fesses, l'autre posé sur son sein gauche, il la possédait comme jamais Pierre n'avait osé le faire. Le va-et-vient, qu'elle aurait pu qualifier d'impitoyable s'il ne lui avait donné tant de plaisir, s'accéléra encore et elle sentit qu'Amos perdait le contrôle. Comme il l'avait fait plus tôt à son égard, elle lâcha ses lèvres pour observer ses yeux devenir vitreux alors que l'extase s'emparait de lui. Elle l'encouragea à pousser encore plus fort en appuyant sur son bassin et, alors qu'il rugissait de plaisir au moment de l'explosion ultime, elle s'abandonna à son tour. L'orgasme, plus profond que le précédent, se propagea dans tous ses nerfs hypersensibles et dura plusieurs secondes ou plusieurs minutes. Elle n'était plus capable d'évaluer quoi que soit dans son état.

Amos resta immobile, la tête dans son cou, pendant un long moment. Leurs deux corps emboîtés formaient une seule entité frissonnante et à bout de souffle, terrassée par un trop-plein de sensations.

Enfin, Amos releva la tête pour venir embrasser le front de Fauve. Puis il tourna sur le côté, et posa la tête sur son bras. Ses sourcils sombres soulignaient son regard magnétique, empreint d'une sorte de… tristesse ? La Sensie ne parvenait pas à se décider, les décharges électriques qui couraient sur sa peau ne correspondaient à aucune émotion distincte. Un vrai feu d'artifice dont Amos avait allumé la mèche.

Après l'euphorie vint la prise de conscience. Les traits d'Amos s'obscurcirent peu à peu alors que ses iris se paraient de reflets bleutés aussi froids qu'un iceberg. Était-ce du regret que Fauve captait grâce à son don ?

— Tu… tu ferais mieux de retourner dormir dans le salon, murmura-t-il de sa voix grave et un peu éraillée, les yeux baissés.

Sa main caressa une dernière fois la joue de Fauve, avec une infinie douceur, avant de s'éloigner pour de bon de son visage.

— Tu ne veux pas dormir à mes côtés ? s'étonna Fauve, qui avait toujours passé la nuit auprès de ses quelques amants.

Jamais un Sensi ne l'avait jeté ainsi après l'amour !

— Je t'avais prévenue, non ? Tu n'espérais quand même pas autre chose ! Avoue que ça t'arrange…, rétorqua-t-il avec une pointe d'amertume dans la voix. Ne t'inquiète pas, je n'irais pas répéter à ce cher Pierre ce qui s'est passé cette nuit, tu peux dormir tranquille… mais pas ici.

Estomaquée, sans voix, elle attrapa ses habits et fuit la chambre sans lui souhaiter bonne nuit.

Chapitre 43

Il m'avait dit que j'allais le regretter, se rappela Fauve alors qu'elle se recroquevillait sur le canapé, les joues en feu.

Humiliée, elle l'était. Verte de rage ? Certainement ! Mais malgré toutes les émotions qui se succédaient en elle sans répit, elle ne regrettait pas leur partie de jambes en l'air. Elle ne pouvait nier avoir plus qu'apprécié la fureur érotique de son amant, si différente de la sensualité nonchalante de Pierre. Avec Amos, le plaisir avait été plus violent, plus aigu, plus sauvage.

Quant à son comportement... il voulait passer pour un connard indifférent, juste intéressé par son corps, mais malgré sa colère, la Sensie ne pouvait se résoudre à le détester. Car elle savait l'avoir blessé quand elle avait évoqué le nom de son ex pendant leurs précédents ébats, bien plus qu'il n'était prêt à l'admettre...

Moi aussi j'ai du mal à l'admettre... Que peut-il bien me trouver ? Est-ce parce que, selon ses dires, je réveille ses sens endormis par la maladie ? Et quand il parle de ses sens, est-ce seulement physique ? Suis-je juste un dopeur sur pattes à ses yeux ??

Elle se sentait tellement chamboulée, d'autant plus après leur étreinte passionnée. Le désir avait guidé ses pas jusqu'à la chambre d'Amos, et il avait été assouvi au-delà de ses espérances ! Et pourtant, malgré tout le plaisir qu'elle avait éprouvé, elle avait un goût amer dans la gorge... un goût d'inachevé.

Mais c'était sans doute mieux ainsi. Le visage de Pierre, en filigrane dans son esprit, la hantait toujours. Tant qu'elle ne l'aurait pas libéré de ses geôliers toxis, elle ne pourrait déterminer si leur amour était mort pour de bon, ou s'il pouvait renaître de ses cendres. Dans quel état se trouvait Pierre ? Son ventre se serra en imaginant les tortures qu'on lui avait peut-être infligées. Fauve ne pouvait nier le lien qui les unissait, alors que celui qui la rattachait à Amos était si fragile...

Et il va me payer son comportement odieux ! Quelles que soient ses raisons, il n'avait pas le droit de me traiter ainsi ! fulmina-t-elle intérieurement.

Après quelques instants, elle se força à brimer ses émotions, trop enclines à la détourner de la mission.

Je serais délivrée à jamais de mes errements sentimentaux si je finis six pieds sous terre d'ici la fin de cette histoire !

Le film des événements défila une nouvelle fois dans sa tête. D'abord, la disparition de son frère et des quatre autres adolescents. Puis, le meurtre de Biz, le dealer qui avait l'air d'en savoir long sur les kidnappeurs toxis aperçus sur la vidéo. Le comportement suspect de

Bastien, qui connaissait le trafic de Biz. L'assassinat de Maxime, l'un de ses comparses. Le départ de Bastien et de ses collègues flics pour, au bout de quelques jours, annoncer vouloir devenir Toxis grâce à un remède miracle. Enfin, la découverte de la gélule bleue, drogue qui ressemblait à ce remède, mais dont l'effet « annihilateur » de sensations était provisoire. Une pilule qui avait été glissée dans les sacs de survie des policiers sous les ordres de Bastien… Tout tournait autour de lui ! Cet homme étrange et agressif était forcément le complice des Toxis responsables de la disparition des membres de sa tribu. Peut-être même était-il lui-même Toxi ? À sa connaissance, jamais son peuple ne s'était fait berner de la sorte, mais Bastien était à l'évidence un personnage ambivalent, doué dans l'art de la dissimulation…

L'épuisement finit par avoir raison d'elle et, quand elle rouvrit les yeux, ceux d'Amos étaient penchés sur elle, inhabituellement doux.

— Réveille-toi, ma jolie, c'est l'heure, glissa-t-il dans son oreille.

— Je rêve, ou tu viens de m'appeler « ma jolie » ? marmonna-t-elle avec suspicion.

Elle continua d'un ton plein de fiel :

— Si tu espères une pipe pour soulager ton érection matinale, tu peux toujours courir !

S'il croit que je vais l'épargner, il va vite constater son erreur !

Amos se redressa vivement, surpris, puis verrouilla son expression en un masque froid et impénétrable. Il souffla, hésita, puis finalement choisit de ne pas répondre à sa provocation.

Sage décision, tu l'aurais regretté…

— Habille-toi et mange un morceau, lui ordonna-t-il d'un ton sans appel. On part dans une heure.

Arrivés dans le parking de la clinique de L'Endroit Joli, Amos gara sa voiture près de l'entrée, pour être en mesure de partir en catastrophe si besoin. L'habitacle était une vraie fournaise, à cause du soleil de plomb qui chauffait la carlingue.

— Je n'aurais pas craché sur un peu de clim ! pesta Amos, mais sa plainte sonnait faux aux oreilles de la Sensie.

Tu crois que je n'ai pas remarqué tes œillades en direction de mon décolleté, coco ?

La sueur plaquait le coton du chemisier contre sa peau et rendait le tissu presque transparent...

L'amusement sadique céda vite la place à la frayeur, mâtinée d'un soupçon d'impatience. Fauve se massa l'arête du nez pour calmer un peu sa migraine, respira un bon coup, et jeta un regard entendu à Amos.

— On y va ?

Le Toxi se massa la mâchoire, les yeux fixés sur ceux de Fauve, indécis. Puis l'embrassa avec fougue et tendresse mêlées. Un baiser bref, mais intense, qui coupa la respiration de la jeune femme, et anéantit ses efforts pour se calmer.

Quand elle reprit ses esprits, il était déjà dehors.

Il le fait exprès, de souffler le chaud et le froid ?! Ou il est juste schizophrène ?

Fauve lui jeta un regard plein de reproches par-dessus le toit de la voiture, même si ses joues rouges trahissaient une tout autre émotion.

Cela n'eut aucun effet sur le Toxi, qui arborait déjà une expression fermée et concentrée. Il lui fit signe de le suivre vers l'entrée du bâtiment. Les yeux de Fauve se braquèrent aussitôt sur la fenêtre du dernier étage, mais le visage de Matis était absent. À présent focalisée sur leur objectif commun, elle interpella Amos à voix basse.

— Tu crois qu'ils y sont toujours ? Peut-être les a-t-on transférés ailleurs ?

— On va vite être fixés...

Chapitre 44

Aussitôt franchies les portes coulissantes, l'odeur du parking, mélange détonant de bitume chaud et de forêt, laissa place aux effluves d'antiseptiques de l'hôpital.

Le hall d'entrée réveilla la claustrophobie de la jeune femme, qui se manifesta par une accélération subite de son rythme cardiaque. Amos lui tendit sa main avec gentillesse quand il remarqua son stress. Sans réfléchir, Fauve la saisit, et son contact l'apaisa instantanément.

Le soleil balayait la pièce de ses doux rayons via les larges baies vitrées, néanmoins la Sensie eut l'impression de pénétrer dans une tombe. L'air qui soufflait par les grilles de climatisation était glacial, et sa vision s'obscurcissait à mesure qu'ils approchaient du portique de sécurité. Même la musique d'ambiance avait des accents sinistres.

Ton esprit te joue des tours, ne panique pas ! s'admonesta-t-elle.

L'accueil était désert. Aucune infirmière, et pas de visiteurs.

— C'est trop calme, tu ne trouves pas ? chuchota Fauve en se rapprochant d'Amos.

Il serra ses doigts et se pencha vers elle. Son souffle chaud caressa sa nuque quand il répondit :

— Oui, je trouve aussi... Mais on n'a pas vraiment d'autre option, n'est-ce pas ? Et puis, on a quelques tours dans notre sac !

— Tu as raison, allons-y...

Seul son désir de retrouver son frère et ses compagnons de route la poussa à mettre un pied devant l'autre jusqu'à l'imposante arche, d'un métal presque noir qui luisait sous les néons. Elle montait la garde devant la rangée d'ascenseurs telle une sentinelle, froide et intimidante.

Au moment où leurs corps franchissaient la barrière, Fauve sentit le désagréable picotement d'un millier d'aiguilles sur sa peau tandis que l'appareil les scannait.

Aucune alarme ne se déclencha.

— Malo a enregistré notre signature corporelle dans le système informatique de la clinique, murmura Amos. Nous sommes enregistrés comme visiteurs autorisés.

— Notre signature corporelle ?

— C'est un ensemble de données susceptibles d'identifier une personne : empreintes, iris, stature, implants et couronnes dentaires, etc. Tous les Toxis sont identifiés ainsi, c'est un moyen infaillible de reconnaître un individu...

— Mais moi, je ne suis pas Toxie ?

— Mon frère t'a scannée hier avant de partir, grâce à un Corposcan portatif. Tu ne t'en es pas rendu compte quand il a balayé ton corps avec l'engin ?

Fauve haussa les épaules, vexée.

— Je me suis dit que c'était une drôle de façon de me dire au revoir, mais vous, les Toxis, avez souvent des comportements bizarres... surtout quand vous utilisez votre précieuse technologie !

Amos étouffa un rire nerveux, mais se concentra à nouveau quand les portes de l'ascenseur coulissèrent.

Dans cet espace réduit, les palpitations de Fauve s'accentuèrent, et sa main droite, qu'Amos n'avait pas lâchée, devenait de plus en plus moite.

Le Toxi appuya sur le dernier bouton du cadran, puis se pencha sur Fauve. Malgré l'éclairage cru qui ne flattait pas le teint, la Sensie le trouva magnifique, constatation qui réveilla un point douloureux dans sa poitrine.

— Il y a six étages, mais l'ascenseur s'arrête au cinquième. Calme-toi, ça va aller...

Il accompagna ses paroles d'une caresse sur la joue de la jeune femme, son visage dangereusement proche du sien. Elle lâcha aussitôt sa main et fit un bond en arrière, comme piquée par une vive. Elle ne devait plus permettre de tels rapprochements si elle voulait préserver son cœur déjà bien malmené par le passé.

— Arrête de faire comme si tu ne m'avais pas jetée hors de ta chambre hier soir ! Tu as tiré ton coup, alors laisse-moi tranquille maintenant ! J'essaie de me concentrer et tu ne me facilites pas du tout la tâche ! explosa-t-elle.

L'idée de n'être qu'un instrument sexuel pour cet homme lui était insupportable. Elle espérait être davantage à ses yeux, mais il était impératif qu'elle maintienne une certaine distance, car la séparation était imminente.

Peut-être même de la pire façon possible...

Il fronça les sourcils, mais recula pour se caler dans un coin de la cabine. Amos se massa la mâchoire, un tic désormais familier pour Fauve.

— Tu as raison. L'important, c'est la mission.

Son ton réticent démontrait cependant un manque de conviction évident.

L'ouverture des portes mit fin à leur échange tendu. Quelques patients, vêtus de joggings ou de pyjamas, erraient dans les couloirs en zombies, le regard torve et, pour certains, la bave aux lèvres. Quelques-uns paraissaient néanmoins plus alertes et leur jetèrent un regard suspicieux quand ils s'engouffrèrent dans la cage d'escalier.

Un simple escalier en béton brut, sous une lumière artificielle qui agressait les rétines sensibles de Fauve. Aucun piège n'était décelable, cependant, à chaque marche gravie, la Sensie s'attendait à déclencher un dispositif d'alerte. Le duo était parvenu au palier intermédiaire quand l'alarme tant redoutée retentit, cri strident qui vrilla leurs tympans. Avant qu'ils puissent esquisser un geste, une trappe s'ouvrit au plafond. Un filet transparent en jaillit et les paralysa aussitôt. Les décharges électriques, bien plus fortes que celles dont Fauve avait l'habitude, tétanisaient leurs muscles et empêchaient tout mouvement.

— Merde ! s'exclama Amos avant de se ressaisir. Je dois envoyer le signal à mon frère...

Fauve ne répondit pas, terrifiée et le corps perclus de spasmes douloureux. Le Toxi pianotait toujours avec difficulté sur le cadran de sa Smartwatch quand la porte du sixième et dernier étage s'ouvrit à la volée.

Des individus armés, le visage si impassible qu'ils ressemblaient à des robots, précédèrent un homme d'une cinquantaine d'années, au crâne dégarni et à la silhouette dégingandée. Il était vêtu d'une blouse blanche qui lui arrivait aux genoux. Du haut des escaliers, son regard pénétra les mailles du filet pour se fixer droit sur celui de Fauve. Ses yeux chassieux brillaient d'une lueur rusée. Malfaisante même.

— Ah, vous voilà enfin ! Je mourais d'impatience de vous rencontrer, Fauve... On m'a tellement parlé de vous, et surtout de vos aptitudes, déclara-t-il d'une voix doucereuse.

Le ton employé était empreint d'une convoitise perverse qui donna la chair de poule à la Sensie.

Chapitre 45

Allongée dans un lit d'hôpital, les bras et jambes solidement sanglés à l'armature métallique, Fauve serrait les dents. La peur initiale avait cédé la place à une colère froide et destructrice, qu'elle tentait vainement de maîtriser.

Dans cet état, je ne peux pas détruire grand-chose... Il faut que je garde mon énergie pour plus tard !

Elle comptait bien profiter de la moindre occasion pour tenter de s'enfuir. Mais en attendant, il fallait qu'elle se calme. Quelques respirations profondes, les yeux fermés, lui permirent de recouvrer un semblant de sang-froid.

Son esprit analytique se mit en branle tandis que son regard scrutait chaque détail de la chambre dans laquelle on l'avait enfermée quelques minutes plus tôt. Hormis le lit surélevé sur lequel elle était étendue, la pièce était vide.

Les murs étaient blancs et nus, le sol recouvert d'un lino moucheté de gris. Quant à l'air, aseptisé, il rafraîchissait l'ambiance déjà glaciale de cet endroit sans âme. La vue de l'azur du ciel, à travers les barreaux de la fenêtre, eut l'effet d'une respiration salvatrice pour la jeune femme, qui haletait à nouveau.

Amos ! Qu'ont-ils fait de lui ?

Les gardes du corps de celui que la Sensie avait baptisé « Dr Maboul » avaient emmené le Toxi loin d'elle, après la bagarre. Malgré plusieurs envois de signaux à Malo via sa Smartwatch, le court-circuit espéré par Amos n'avait pas eu lieu...

Cet échec ne l'avait pas empêché de se battre comme un beau diable dès que les hommes avaient soulevé le filet qui les retenait tous deux prisonniers. Avec une hargne et une dextérité impressionnante, le Toxi avait enchaîné coups de pied vicieux et lutte musclée, avait crevé les yeux de l'un de ses assaillants avant d'être dominé par la force et le nombre de ses adversaires. Elle ignorait ce qu'ils avaient fait de lui, et stressait d'avance à l'idée de ce que le savant allait faire d'elle...

Elle crispa son poing, et la pointe de douleur dans le creux de son coude lui rappela la prise de sang subie à peine attachée au lit. Allait-elle devenir un cobaye pour des expériences louches ? Un iceberg percuta ses entrailles à cette pensée.

Des heures s'écoulèrent dans un silence assourdissant. Épuisée par le tourbillon de ses émotions, Fauve commençait à s'assoupir quand la porte s'ouvrit.

Les paupières mi-closes de la Sensie s'étirèrent en grand, et son souffle s'accéléra quand elle reconnut la haute silhouette de son geôlier. Des yeux de fouine à l'éclat malsain la détaillèrent de haut en bas, avec une délectation évidente.

L'haleine acide du scientifique irrita les sinus de Fauve quand il pencha son visage sur le sien. Elle inspira aussitôt par la bouche pour préserver son odorat des miasmes fétides de son souffle.

— Comment se sent notre nouvelle pensionnaire ? l'interrogea-t-il de sa voix mielleuse.

— À ton avis, Ducon ?! éructa Fauve.

Elle souleva la poitrine dans un mouvement rageur, geste qu'elle regretta immédiatement. Le regard concupiscent de son tortionnaire sur son décolleté déclencha une alarme dans son cerveau.

Maudit soit Amos et son choix de chemise !

— Oh, tu as du caractère pour une Sensie, à ce que je vois..., poursuivit-il d'un ton moins doux.

Sa main osseuse, semblable à une grande araignée, caressa tout à coup ses seins de bas en haut, puis les empoigna sans délicatesse. Tout le corps de Fauve se pétrifia.

— Mais avec moi, il faudra te montrer gentille !

Pour toute réponse, Fauve lui cracha au visage. Il lui jeta un regard mauvais puis la gifla avec violence.

— Si tu cherches à m'exciter encore plus, c'est réussi ! chuchota-t-il dans son oreille alors que sa main explorait à nouveau ses courbes avec fébrilité.

La Sensie entendit le zip caractéristique d'une fermeture éclair, et son cœur fit un salto sous la paume du tordu qui malaxait sa poitrine de plus en plus fort de sa main gauche. La respiration saccadée de l'homme ne laissait pas de doute sur la tâche de laquelle s'occupait son autre main. Tremblante, terrifiée, Fauve avait tourné la tête vers la fenêtre et cherchait de toutes ses forces à s'échapper par l'esprit de son corps violenté.

Les doigts inquisiteurs délaissèrent ses seins brusquement pour glisser sous le tissu de son chemisier, quand une courte sonnerie mit fin à leur exploration.

Semblable à celle du portable d'Amos, reconnut Fauve avec espoir.

L'homme jura à voix basse, puis, à l'immense soulagement de Fauve, remonta sa fermeture éclair.

— On dirait que ton sang n'a rien d'exceptionnel, malgré les prétendus dons que tu possèdes, dit-il avec une déception flagrante dans la voix.

La Sensie tourna vivement la tête, soudain capable de le regarder dans les yeux.

— Qui vous a parlé de mes dons ?

— D'après toi ?

— Comment va Matis ? Que lui avez-vous fait ? cria Fauve, hors d'elle.

— Il va bien, éluda-t-il. Tu voudrais le voir ? Pas de problème... Mais avant, il va falloir m'en dire plus sur tes capacités, je suis très curieux de savoir comment fonctionne ton hypersensibilité extrême. Déjà, nous savons qu'elle n'est pas détectable dans ton sang. Ni dans tes gènes. C'est très curieux, et à vrai dire, je commence à douter de la véracité de tout cela... Ton petit frère nous a peut-être menés en bateau. Si c'est le cas, il mérite d'être puni... Veux-tu que je le punisse, ma chère Fauve ?

— Non ! hurla-t-elle, effarée. Je... je vous dirai tout. Tout ce que je sais.

Ce qu'elle fit. Même si son interlocuteur ne paraissait pas vraiment la croire, il l'écouta avec attention.

— Très intéressant, finit-il par conclure. Mais ce ne sont que des paroles. Nous allons donc tenter une expérience qui, si elle est concluante, permettra d'en savoir plus sur cette hyper-réceptivité présumée. Si elle est avérée, le traitement que mon équipe cherche en vain depuis si longtemps sera enfin à portée de main !

— Un traitement ? Contre quoi ?

L'homme lui jeta un regard condescendant, sourit en coin et tourna les talons sans lui répondre.

Mais Fauve venait de comprendre.

La PSG. La perte sensorielle généralisée. La maladie dont souffre Amos, et beaucoup d'autres Toxis. Il pense que les Sensis sont la clé pour trouver un remède à ce fléau. Que JE suis la clé plus particulièrement. Quel honneur ! Ça ne l'empêche pas de vouloir souiller mon corps cependant... Quand il sera lassé, peu importe qu'il trouve ce qu'il cherche ou non, il se débarrassera de moi, j'en ai le pressentiment...

Chapitre 46

Fauve resta un long moment l'oreille aux aguets, dans la crainte d'une nouvelle visite du « Dr Maboul », même si « Dr Pervers » était désormais un sobriquet plus adapté. Soudain, la porte d'entrée s'ouvrit en grand.

Ouf ! Deux « robots ». Eux ne risquent pas de se laisser déborder par leurs pulsions... Enfin, j'espère !

Les gardes, vêtus d'une sorte de combinaison grise, près du corps, qui dessinait leurs muscles massifs, arboraient le même masque inexpressif. Un pistolet à la ceinture, le duo se positionna de part et d'autre du lit et détacha avec célérité les sangles qui emprisonnaient la Sensie.

Ils la guidèrent le long d'un couloir désert, semblable à celui de l'étage inférieur, jusqu'à une pièce d'une quinzaine de mètres carrés, équipée d'une armada de machines médicales inconnues de Fauve.

Son cerveau se ratatina lorsque les ondes des appareils le fouettèrent avec violence.

Sans un mot, les hommes attachèrent Fauve à une chaise capitonnée, puis se positionnèrent autour de la porte qui lui faisait face, les bras croisés, dos au mur, tels des cerbères des temps modernes. Une infirmière surgit et s'empara du casque à électrodes posé sur l'une des machines.

— Qu'est-ce que c'est que ça ? s'affola la jeune femme quand la soignante l'installa sur sa tête.

L'infirmière pinça ses lèvres fines et fronça son front ridé, mais ne répondit pas. À la place, elle offrit son fessier imposant à la vue de Fauve quand elle fit volte-face pour tripoter les boutons de l'un des engins.

Quelques minutes plus tard, la femme lui colla un étrange bracelet lumineux autour du poignet droit.

— Vous allez me dire à quoi rime ce manège, à la fin ? s'écria Fauve d'une voix aiguë.

L'infirmière hésita, mais finit par répondre.

— Le but de ces détecteurs est de repérer tout changement cérébral, hormonal ou sanguin pendant l'expérience. Cela ne vous fera aucun mal.

La Sensie souffla bruyamment, un peu soulagée, néanmoins toujours sur le qui-vive.

Quelle va être la teneur de ce test ? Pourquoi y a-t-il une chaise postée devant moi ? Qui va s'y installer ?

Fauve manqua défaillir quand son tortionnaire pénétra dans la salle, le regard braqué sur elle. Il avait le regard d'un prédateur sur sa proie. Déterminé. Affamé. Cruel.

Il bifurqua cependant sur sa gauche, vers une sorte d'ordinateur à roulettes. La jeune femme découvrit alors le visage de l'homme qui le suivait. Elle hoqueta de stupeur.

— Début de l'expérience, décréta le Dr Maboul avec autorité. Vous êtes prête, Muriel ?

— Oui, Professeur.

Fauve ne réagit pas, pétrifiée. Mais quand le troisième protagoniste de l'expérience s'assit sur la chaise en métal gris face à elle, un violent spasme la parcourut comme un électrochoc.

— Putain, Bastien, à quoi tu joues ? s'écria-t-elle d'une voix pleine de fiel.

Sa bouche se tordit en un rictus satisfait. Son physique de mannequin et sa gueule d'ange tranchaient avec la malveillance pure qui émanait de son être. Il croisa les jambes et passa la main dans ses cheveux blonds comme les blés.

— Oh, petite Fauve, ça me fait tellement plaisir de te revoir. Et toi, tu es contente de retrouver ton beau-père adoré ? Tu ne viens pas m'embrasser ? Ah oui, c'est vrai, tu es attachée.

Un rire sadique résonna dans la pièce à ces mots. C'était celui du Dr Pervers, qui ne loupait rien du spectacle.

— Je me doutais que tu étais un traître, cracha Fauve. Pas besoin d'avoir mes dons pour le deviner, ça se voit sur ton visage comme le nez au milieu de la figure !

Un vent de haine souffla vers Fauve, lequel se mua en un courant électrique douloureux qui serpenta le long des nerfs de ses bras puis de son dos. Elle crispa les dents pour rester stoïque, mais l'une des machines se mit à biper. Le savant glapit de joie avant d'encourager Bastien à poursuivre d'un moulinet du poignet.

— Je ne me considère pas comme un traître, vu que je n'ai jamais été des vôtres, déclara Bastien d'une voix calme, même si de légers courants picotaient encore la peau de la Sensie. Vois-tu, je suis un demi-Sensi. Je me suis toujours senti... Comment dire ? Le cul entre deux chaises. Adolescent, j'aimais quitter mon village pour arpenter les rues animées de Rennes. Ses lumières m'attiraient comme un papillon par le soleil.

— J'ignorais que tu étais poète, ne put s'empêcher de railler Fauve.

Il serra les poings et lui jeta un regard excédé. La chair de poule sur les avant-bras de Fauve s'intensifia. Après quelques instants, les yeux de Bastien se voilèrent, et il poursuivit son récit d'un air pénétré.

On dirait qu'il a oublié ma présence, ce taré, remarqua Fauve. *Est-ce que j'ai une tête de psy ?*

— Bref, très vite, j'ai voulu vivre parmi les Toxis, quitter ma tribu. Je n'en pouvais plus du mode de vie archaïque des Sensis, du quotidien morne et répétitif qui était le mien... Je n'étais pas faible comme eux, je n'avais pas besoin de vivre comme à la préhistoire ! J'ai donc fugué, à pied, sans argent. Loin de m'accueillir à bras ouverts, la ville s'est révélée un enfer pour un pauvre fugitif comme moi... Je dormais dans les parcs et fouillais dans les poubelles pour trouver ma pitance depuis plusieurs jours quand un drone m'a capturé. Les policiers qui m'ont interrogé ont vite compris d'où je venais. Je n'étais pas très malin à l'époque !

— Parce que c'est le cas maintenant ?

— Tu devrais savoir que oui, sinon ta mère et les autres auraient deviné que j'étais un espion...

Fauve secoua la tête, mais ne répliqua pas.

Il faut reconnaître qu'il a bien berné son monde... Si seulement Maman m'avait écouté !

— Je peux continuer ? Bien. La mort aurait dû être ma punition, mais à la place une rencontre a changé le cours de mon existence... Un vrai miracle ! Le professeur Hamelin m'a offert une chance inespérée d'accéder à la vie dont je rêve. Avec l'argent gagné grâce à cette mission, je vais pouvoir mener grand train !

— Donc, c'est l'appât du gain qui t'a motivé... Qu'as-tu fait ? C'est toi qui as tendu un piège à Matis et aux autres ados ?

Il haussa les épaules.

— Bah, je n'ai pas eu à faire grand-chose. Je me doutais ne pas être le seul à être frustré par le peu d'avantages dispensés par le mode de vie sensie. Il a suffi de repérer les insatisfaits. Les jeunes étaient plus malléables, plus naïfs aussi... Biz m'a aidé à identifier leurs faiblesses, et à combler leurs attentes...

— Je ne comprends pas... De quoi tu parles ?

— Ton frère, par exemple... Il avait soif de combler ses pulsions sexuelles un peu particulières... Et la littérature érotique à sa disposition était loin de le satisfaire ! Alors on lui a fourni de quoi se soulager...

— C'est-à-dire ?

— Un lecteur de vidéos portatif, assorti d'un grand nombre de films pornographiques à son goût. Mais pour qu'il puisse les regarder sans douleur, il fallait anesthésier ses sens.

— D'où la drogue... Mais elle ne fait pas qu'endormir nos sens, n'est-ce pas ? Elle annihile aussi les émotions...

— Bravo ! Quelle intelligente petite fille ! Je dois avouer que cet effet secondaire s'est révélé particulièrement utile. Il n'a pas été difficile de tous les convaincre de quitter Argoat une fois drogués. De vrais moutons de Panurge !

— Espèce de salaud ! éructa Fauve.

Le Dr Maboul, qui leur tournait le dos, les yeux rivés à l'écran de son appareil de mesure, s'agita quand des bips retentirent à nouveau.

— Oh, incroyable ! s'écria-t-il.

Fauve décida de l'ignorer, fascinée par les révélations de Bastien.

— Et les meurtres ? le questionna-t-elle.

Il se passa la main dans les cheveux, et une bouffée de malaise émana de son corps. Elle se manifesta par une impression de froid sur la peau de Fauve, suivie d'une nouvelle salve d'alarmes en provenance de la machine. Le professeur gloussa d'excitation.

— Oui, malheureusement, il y a eu quelques dommages collatéraux... Biz a eu des remords après le départ du groupe d'adolescents. Il s'agitait et menaçait de parler, alors j'ai appelé l'un de mes contacts toxis, Tom. Il s'est chargé du sale boulot. Les policiers sous mes ordres n'étaient pas au courant de mon double-jeu, mais Maxime a commencé à nourrir des soupçons à mon égard... Je n'avais pas le cran de l'éliminer moi-même, alors Tom s'en est chargé.

Il se frotta les yeux, qui étaient devenus rouges.

Si tu crois que je vais m'attendrir...

— Tu as fait tuer tes autres coéquipiers ? demanda-t-elle d'une voix glaciale.

Il sursauta.

— Non… ils sont enfermés dans un autre bâtiment, en compagnie de tes amis.

Le Dr Pervers gronda, visiblement mécontent de cet aveu. Sa bonne humeur s'était tout à coup envolée.

— Ferme-la, elle n'a pas besoin de savoir ça ! Bon, fin de l'expérience. Ramenez-la dans sa chambre, dit-il en jetant un coup d'œil aux deux gardes qui se tenaient debout autour de la porte. Bastien, je n'ai plus besoin de toi, tu peux partir. Mais ne t'éloigne pas trop quand même…

Bastien se leva et quitta la pièce non sans avoir gratifié Fauve d'un clin d'œil narquois. Alors qu'elle se faisait conduire à son tour hors de la salle, le monologue fébrile du savant lui glaça le sang :

— Ses ondes cérébrales changent de fréquence en présence d'émotions fortes… ou quand elle en ressent elle-même… Incroyable ! Mais la courbe est trop linéaire, nous aurons besoin d'émotions plus intenses la prochaine fois…

Fauve frémit en imaginant le type de torture qu'il pourrait lui infliger pour obtenir le résultat escompté…

Chapitre 47

Un aide-soignant lui apporta dans la soirée un potage de légumes qu'elle sirota malgré son manque d'appétit. Au moins, ses bras étaient libres le temps du repas. Les deux malabars chargés de la surveiller étaient d'une compagnie mortelle. Aussi bavards qu'une tombe, le visage impassible, ils la regardaient sans la voir, comme si elle était transparente.

La migraine qui lui avait torpillé le crâne une bonne heure après la fin du test s'était enfin estompée. Le professeur Hamelin ne lui avait pas rendu visite, sans doute trop occupé à analyser les résultats de l'expérience.

En revanche, une infirmière était venue lui enfiler un nouveau casque à électrodes, avec la consigne de ne surtout pas l'enlever, sous peine de représailles...

Ainsi mon don s'exprime par l'émission d'ondes cérébrales particulières. Et je ne suis pas qu'un réceptacle pour les émotions d'autrui, j'émets aussi une fréquence spéciale lorsque je ressens des sentiments forts. Pourtant, aux dernières nouvelles, aucune personne de mon entourage n'éprouve de sensations étranges quand je suis énervée.

Fauve réfléchit quelques instants, perplexe. Un éclair de compréhension fusa soudain dans sa tête.

Amos a recouvré certaines sensations à mon contact, alors qu'il est atteint de perte sensorielle généralisée. Suis-je vraiment l'antidote à ce mal qui s'étend chez les Toxis ? Comment ce savant fou compte-t-il mettre au point un remède grâce aux ondes générées par mon cerveau ?

La Sensie préférait ne pas trop songer aux méthodes imaginées par l'esprit tordu du Dr Maboul pour provoquer chez elle des émotions fortes. Des images de torture et de viol se volaient mutuellement la vedette dans ses pensées.

Au milieu de la nuit, alors qu'elle était en proie à un sommeil agité, une alarme hurla soudain dans ses oreilles. Un cri perçant qui lui déchira les tympans. Elle s'égosillait à l'unisson de la sirène, quand la porte de sa chambre s'ouvrit à la volée.

La carrure imposante qui se profila devant des éclairs de lumière rouge lui fit craindre la venue de l'un des gardes. Mais, quand l'homme s'avança et que le clair de lune filtré par la fenêtre éclaira son visage, une bouffée d'un sentiment trop intense pour être uniquement du soulagement monta en elle tel un ouragan.

— Amos !! hurla Fauve. Par Gaïa, tu es en vie !

Des larmes de joie ruisselaient sur ses joues quand il la détacha avec hâte. Des milliers de caresses sur tout son corps la plongèrent dans une sorte de transe. Ces stimuli traduisaient l'état émotionnel d'Amos, les sentiments qu'il éprouvait à cet instant.

Si ce n'est pas de l'amour, ça y ressemble !

Puis il la serra dans ses bras puissants, et un délicieux frisson chatouilla chacune de ses terminaisons nerveuses. C'était presque trop beau pour être vrai... Amos aussi était content de la retrouver, mais mit rapidement fin à leur étreinte.

— Vite, il faut qu'on s'en aille ! cria le Toxi par-dessus l'alarme, le front en sueur.

— Pas sans mon frère et mes amis !

— Tes amis sont déjà libérés, il ne manque que ton frère et les autres jeunes. Je pense qu'ils se trouvent à cet étage, s'époumona Amos.

— Les gardes ?

Son sourire carnassier fit froid dans le dos à la Sensie.

— Quand j'ai compris que Malo avait enfin réussi à injecter son virus informatique au cœur des réseaux, j'ai sauté sur l'occasion. Les portes des cellules se sont déverrouillées, et j'en ai profité pour assommer quelques gardes... C'était presque trop facile, ils se reposaient trop sur leurs implants et leurs armes !

— Crâneur ! le fustigea Fauve, même si elle admirait son coup d'éclat.

Amos l'entraîna dans le couloir, toujours illuminé de reflets écarlates. Ils hurlaient tous deux pour se faire entendre par-dessus l'alarme.

— Je n'étais pas seul ! Les policiers sensis se sont aussi libérés et m'ont aidé à maîtriser nos autres geôliers. On a récupéré nos montres connectées, et on a évacué les cellules de tes amis.

— Où sont-ils ?

— Ils se sont réfugiés dans les bois, à couvert. Pierre a insisté pour venir avec moi te chercher, mais il était trop faible, alors j'ai insisté pour qu'il reste avec le reste du groupe. Le trio de flics paraissait, lui, en bonne forme et bien entraîné, alors il m'a épaulé pour prendre d'assaut la clinique. Le bâtiment dans lequel nous étions enfermés n'était qu'à une centaine de mètres de l'hôpital. Quelques soldats nous ont donné du fil à retordre, mais nous avons réussi à atteindre le dernier étage. Les autres étaient vides, les résidents ont sans doute été évacués après notre capture. Dépêchons-nous maintenant !

Il ouvrit une à une les portes des chambres, libérant des adolescents sensis aux mines endormies, vêtus de pyjamas amples en coton, qui les suivirent sans opposer de résistance.

— Il y a le feu ? s'enquit l'un des jeunes, âgé d'une quinzaine d'années.

Amos et Fauve ne prirent pas la peine de démentir. Enfin, un jeune homme aux boucles blondes et aux yeux noirs passa la tête hors de sa chambre. Des éclairs de lumière rouge illuminèrent son visage hébété. Fauve l'empoigna aussitôt pour l'embrasser. Face à l'absence de réaction de la part de son frère, elle le libéra avec réticence.

C'est la drogue qui le rend aussi froid. Ça va passer, se rassura-t-elle.

En file indienne, le groupe se dirigea vers la cage d'escalier. Le cœur de Fauve battait au rythme de la sirène hurlante qui leur cassait toujours les oreilles. Les fuyards enjambèrent les gardes inconscients et descendirent quatre à quatre les escaliers. Une fois sur le parking, alors qu'Amos, Fauve et les trois policiers sensis se dirigeaient vers la forêt, les adolescents refusèrent subitement d'avancer davantage. La faible lueur des lampadaires à économie d'énergie éclairait d'un halo bleuté les visages fermés des cinq jeunes. Autour du parking, les bois étaient plongés dans des ténèbres opaques et inquiétantes. La cime des arbres se découpait dans le ciel bleu foncé, piqueté de la multitude d'étoiles scintillantes libérées de la pollution lumineuse urbaine.

— Qu'est-ce que vous faites ? Il faut s'enfuir avant que les Toxis se réveillent ! Matis ! s'étrangla Fauve, aux abois.

Son frère secoua la tête. La brise, fraîche comme l'eau d'un ruisseau, caressait ses boucles dorées. L'absence de vie dans son regard sombre était perturbante.

— Nous vous avons suivis hors du bâtiment, car l'alarme signalait un danger, mais il est hors de question de s'échapper du centre, déclara-t-il d'une voix monocorde. Nous avons fait notre choix, vous devez le respecter.

Fauve saisit son frère par les épaules pour le secouer avec vigueur.

— Non ! Vous n'avez rien choisi du tout ! Les Toxis vous ont drogués, et vous avez subi un lavage de cerveau de toute évidence ! Vous n'êtes que des cobayes pour eux ! Matis, tu ne peux pas nous quitter, Maman et moi !

La Sensie ne put retenir un sanglot à la fin de sa tirade.

— Je viendrais vous voir une fois guéri, déclara l'adolescent d'un ton sec.

— Mais tu ne vas pas guérir ! La drogue n'a qu'un effet provisoire, et bonjour les effets secondaires ! Regarde-toi, on dirait un zombie !

L'amour, le désespoir et la colère bouillonnèrent dans le cœur de Fauve, jusqu'à l'explosion. Telle l'éruption d'un volcan, elle sentit l'onde jaillir hors de son corps pour percuter de plein fouet celui de Matis.

Ce dernier vacilla sous le choc, puis tomba à genoux sur le bitume. Elle s'accroupit pour le soutenir, estomaquée par cette manifestation inédite de son pouvoir.

— Je ne sais pas ce que tu m'as fait, mais je suis content de te retrouver, grande sœur, souffla-t-il avant de l'enlacer avec fougue.

Un rire nerveux s'échappa de la bouche de Fauve.

— Enfin, je te retrouve, petit frère !

Ainsi, mon don n'est pas uniquement passif, songea la jeune femme, abasourdie, mais surtout heureuse d'avoir pu libérer les émotions de Matis.

Les quatre autres jeunes s'étreignirent, délivrés eux aussi de l'emprise de la drogue.

Un applaudissement retentit soudain dans le silence nocturne.

— Que c'est attendrissant ! ricana une voix sournoise quelques mètres derrière eux.

La nuque de Fauve se raidit aussitôt, et se releva d'un bond. Autour du parking, des silhouettes noires comme la nuit progressaient vers eux, armées de longs fusils, avec la souplesse et la furtivité de fauves. Devant l'entrée de la clinique, un grand personnage vêtu d'une blouse blanche et au crâne dégarni leur souriait de toutes ses dents. Il tenait une tablette tactile entre ses mains.

— Vous pensiez pouvoir nous échapper ? poursuivit le Dr Maboul d'un ton chafouin. Aussi facilement ?

— C'était un piège ? demanda Amos d'une voix blanche.

— Non, une expérience pour soumettre Fauve à un panel d'émotions qu'il aurait été difficile de reproduire autrement. Rien de vaut un test grandeur nature ! Le résultat a été au-delà de mes espérances. Non seulement cette étonnante jeune Sensie peut ressentir les émotions d'autrui, mais elle semble être aussi capable de les manipuler, comme avec son petit frère ! Incroyable !

Fauve arracha le casque à électrodes de sa tête comme s'il la brûlait.

— Vous êtes un grand malade...

— Tais-toi, petite égoïste ! Tu possèdes un don incroyable, susceptible de faire progresser la recherche. Il est de mon devoir d'explorer toutes les pistes afin de trouver un remède à la perte sensorielle, et tant pis si mes méthodes sont un peu brutales !

— Pourquoi ? Vous auriez pu demander de l'aide aux Sensis plutôt que de kidnapper des innocents pour les transformer en cobayes...

Il fit la grimace.

— Tu crois que je n'ai pas essayé la manière douce avant d'employer les grands moyens ? s'enflamma-t-il, le visage de plus en plus rouge. Que je n'ai pas contacté votre président dans l'espoir d'obtenir de l'aide ? L'aversion des Sensis pour tout ce qui est médical est légendaire, et cette réputation n'est pas usurpée... Ma sœur aurait pu être sauvée si ton peuple avait daigné s'intéresser au problème !

Fauve resta quelques instants choquée par cette révélation.

— Avez-vous fait part de l'ampleur de l'épidémie à notre chef ? souffla-t-elle enfin.

— Ne sois pas stupide ! Jamais je n'aurais révélé à quel point cette faiblesse pouvait être exploitée. Mais là n'est pas la question, et je n'ai pas à justifier de mes actes devant une Sensie ! Des soldats d'élite vous encerclent, la fête est finie ! Vous pouvez aussi dire à vos petits copains cachés dans les fougères de vous rejoindre. Rien n'échappe aux lunettes de vision thermique...

Après quelques instants, Pierre, Lila et Olive sortirent de leur cachette pour avancer vers le parking. Leurs pieds nus se posèrent sans bruit sur l'asphalte. Leurs mines étaient affreuses et ils avaient tous perdu du poids, constata Fauve à mesure qu'elle distinguait mieux ses comparses.

Olive se mit tout à coup à courir pour se jeter dans les bras de son meilleur ami. Il l'étreignit avec force, le visage blotti dans son cou.

Des lèvres fantomatiques embrassèrent la nuque de Fauve, et le vent caressa ses bras de manière appuyée… Désir et amour ?

Hum… Mon frère et son ami ?

Fauve se rappela les paroles de Bastien à propos de son frère. Malgré sa réputation de Don Juan, ses désirs le poussaient en réalité vers des bras masculins. Vers ceux d'Olive plus particulièrement, selon le sixième sens de Fauve, qui ne mentait jamais.

Les Sensis étaient un peuple tolérant, la jeune femme se demanda pourquoi Matis gardait son orientation sexuelle secrète. Elle eut envie de les pousser l'un vers l'autre, de briser les tabous qui les empêchaient d'admettre leurs sentiments mutuels. Mais ce n'était guère le moment, alors que les canons d'une dizaine de fusils étaient braqués sur leur visage.

Son attention fut détournée par l'étreinte de bras familiers autour de ses épaules. Des lèvres charnues se plaquèrent contre les siennes. Sa bouche reconnut ce corps familier contre le sien et répondit instinctivement aux caresses de Pierre. Mais après quelques secondes d'emportement, son cerveau reprit les commandes. Fauve repoussa son ex, mais trop tard. Elle sentit le poids du regard d'Amos, véritable tison ardent qui marquait son dos au fer rouge. Les joues en feu, elle se retourna avec lenteur, les muscles tétanisés, puis plongea dans ses yeux bleu acier qui n'avaient rien perdu du spectacle.

Une anguille électrique lui mordit aussitôt l'avant-bras, phénomène révélateur de l'humeur assassine d'Amos. Une ombre passa dans ses yeux clairs, et Fauve comprit qu'elle l'avait blessé. Encore une fois. La fois de trop ?

Pierre remarqua le malaise, et choisit sciemment de mettre de l'huile sur le feu. Il enroula son bras autour des épaules de Fauve et lança un regard provocateur au Toxi.

Merde ! Ce n'est pas le moment pour un combat de coqs, jura-t-elle intérieurement en se dégageant d'un mouvement rageur.

Les soldats se rapprochaient, ils n'étaient plus qu'à quelques mètres. Une lourde botte résonna sur le bitume du parking alors que le premier d'entre eux avançait d'un pas résolu vers le groupe. L'homme les tenait en joue avec un étrange fusil effilé. Un modèle différent des armes de ses camarades.

Pourquoi le canon est-il orienté vers le haut ? eut-elle le temps de s'interroger avant la détonation.

Chapitre 48

Le son évoqua à la Sensie un grain de maïs qui explose. Au lieu d'une pluie de pop-corn, l'arme éjecta un filet électromagnétique qui les emprisonna à la vitesse de l'éclair.

Une douleur fulgurante paralysa aussitôt le groupe. Amos, insensible aux ondes, se débattit comme un diable pour tenter de soulever les filaments transparents, qui brillaient d'une lueur fluorescente dans l'obscurité. Il y parvint enfin et libéra ses compagnons, qui se convulsaient sur le sol, en proie à une souffrance indicible.

Fauve recouvra peu à peu ses esprits. Alors qu'elle s'apprêtait à se lever, les jambes flageolantes, un curieux bourdonnement attira son attention.

Ce bruit de frelon enragé était familier...

— Des drones ! s'exclama-t-elle avec effroi.

Que vont-ils nous faire ?

La réaction de leurs ennemis détrompa la première impression de Fauve. Une rumeur hostile gronda dans les rangs des Toxis tandis que les appareils voletaient au-dessus de leurs têtes. Chacun des six robots possédait un bras articulé lumineux, qui permettait de les repérer dans le ciel d'encre.

— Des drones médias, siffla le professeur Hamelin entre ses dents. Qui a rameuté ses sangsues ?!

Le rictus arboré par Amos donna un indice à Fauve sur la source de l'appel. Lui ou son frère en était l'instigateur.

Aussitôt imité par les autres Toxis, Amos alluma l'écran holographique de sa montre. Ses doigts balayèrent à toute vitesse des images et des vidéos. Tous les Sensis se regroupèrent autour de lui. Fauve garda néanmoins quelque distance, inquiète de sa réaction après le coup des yeux revolvers. Ils découvrirent leurs propres visages, pâles et ébahis, filmés en contre-plongée, défiler sur des dizaines de plans plus ou moins serrés.

Comment le guet-apens peut-il déjà être en ligne sur la toile toxie ?

Fauve était estomaquée par l'instantanéité de la diffusion de l'information. Amos s'agaça, agita son index de plus en plus vite en travers de l'écran holo. Les Sensis décrochèrent, étourdis par le flot saccadé d'images et de textes qui se succédaient à toute vitesse devant leurs yeux. Comme une machine, le Toxi lut des dizaines d'articles, interpréta des courbes, pour tout à coup s'esclaffer.

Ce rire nerveux fit sursauter le groupe. Autour du parking, les soldats avaient stoppé leur progression pour imiter Amos. Une multitude de petits carrés lumineux illuminaient à présent le visage des hommes qui se cachaient derrière leurs armes massives. À quelques mètres des Sensis, le Dr Hamelin avait également les yeux rivés à son écran, la mine grave. Indifférents à la scène, les drones butinaient toujours avec entrain. Telle une myriade de feux follets dans les ténèbres, les robots dansaient au-dessus d'eux, sous l'œil impuissant de la garde toxie. Tant de lumières au sol, reflet au rabais des astres qui brillaient au firmament.

— Le public demande des explications ! s'écria Amos d'un ton survolté.

Il haussa la voix et leva la tête pour s'adresser directement aux drones.

— Vous voulez savoir ce qu'il se passe ? Pourquoi mes amis et moi-même sommes encerclés par des soldats ? Je vais vous le dire...

Il raconta alors toute l'histoire, malgré les interruptions outragées du professeur Hamelin, qui tentait de discréditer la version d'Amos par tous les moyens, sans se rendre compte que ses explications bidon ne faisaient que l'enfoncer. Il tenta pourtant le tout pour le tout :

— Vous n'allez pas trahir votre propre peuple en soutenant ces hors-la-loi ? s'indigna le scientifique, les bras tendus vers les drones, ou plutôt vers les internautes qui n'en perdaient pas une miette. N'avez-vous pas envie de trouver un remède au mal qui se répand parmi nous comme la peste ? Nos méthodes sont peut-être discutables, mais le but recherché est plus que louable et vaut bien quelques sacrifices... Les Sensis nous doivent bien ça, eux qui profitent de notre technologie quand elle sert leurs intérêts, et jouissent de territoires gigantesques que nous leur avons cédés gracieusement !

— Pourquoi ne leur avez-vous pas demandé de l'aide, alors, au lieu de droguer et de kidnapper des enfants ? éructa Amos, appuyé par les exclamations rageuses des Sensis. Et pourquoi leur avoir promis un remède pour devenir toxis, alors que vous vouliez juste vous servir d'eux comme cobayes ?

Le docteur resta bouche bée, à court de répartie. Trois aéronefs se mirent à décrire des cercles autour de lui, comme des rapaces prêts à fondre sur leur proie. Leurs caméras ne perdaient pas une miette de sa mine dépitée.

— Laissez-les partir, ordonna Amos d'une voix ferme à l'escouade qui les encerclait. Vous avez fait assez de dégâts comme ça.

Les soldats restèrent immobiles, dans l'expectative. Ils attendaient un ordre de leur hiérarchie et, de toute évidence, il tardait à venir. L'homme ne se démonta pas et s'adressa à nouveau aux spectateurs, les yeux rivés sur les objectifs des caméras portatives.

— Quant au PSG, je suis moi-même atteint par cette saleté, sachez que je donnerais tout pour en guérir, mais pas à n'importe quel prix ! Nous avons tous de la famille, des amis, des ancêtres devenus sensis... Devons-nous les traiter comme des ennemis, ou comme des égaux ? Je suis sûr qu'ils coopéreront si nous les traitons comme des alliés. À nous de montrer notre bonne volonté...

Puis il baissa le regard vers son écran holo, dans l'attente d'un verdict de la part du public.

— Si le peuple nous soutient, le gouvernement pliera, murmura-t-il aux Sensis qui l'entouraient.

— Comment peux-tu en être sûr? demanda Pierre d'un ton méfiant.

— La dernière fois que l'État n'a pas écouté la voix des citoyens, les émeutes ont duré des semaines. Je pense que nos dirigeants ont retenu la leçon. Et puis, vos compatriotes vont bien vite être informés de ce qui s'est passé grâce aux Aspirants. Si les soldats nous tuaient ou nous capturaient, cela déclencherait un conflit dont personne n'a envie !

Pierre secoua la tête. Fauve vit Amos se raidir.

— Tu as l'air bien confiant... L'histoire a prouvé que la majorité n'a pas toujours raison, et est parfois coupable de bien des horreurs. Que va-t-il se passer si tu te trompes ? l'aiguillonna le Sensi.

— Rien de bon, gronda le Toxi tout en le fusillant du regard. Mais j'ai confiance en mon peuple. Comme disait un homme politique des anciens temps, vous n'avez pas le monopole du cœur !

Pierre haussa les épaules et se détourna. Bien entendu, les drones n'avaient rien perdu de l'échange. Avaient-ils capté chaque parole ?

Sans doute, se dit Fauve. *Ils doivent être équipés de micros surpuissants...*

Elle se rapprocha d'Amos, mais il la repoussa sans lui jeter un regard. Ce rejet blessa la jeune femme bien plus qu'elle ne l'aurait cru. Mais ses atermoiements furent balayés par l'expression crispée de ce dernier. Il ne lâchait pas du regard son écran holographique, sur lequel des histogrammes s'élevaient ou s'abaissaient à intervalles réguliers.

— Qu'est-ce que ça veut dire ? lui demanda-t-elle d'une voix blanche.

Le soulagement décrispa petit à petit ses traits, puis il leva la tête dans sa direction. Dans ses yeux, elle lut un soupçon de joie derrière le voile sombre du ressentiment.

— Ça veut dire qu'on a gagné, enfin, je crois, articula Amos avec prudence. Le public a voté pour notre libération immédiate, sans condition. La majorité des internautes a été choquée par les méthodes du gouvernement, mais surtout par la perspective d'un conflit avec les Sensis. Nul doute qu'on gagnerait, mais les Toxis ne veulent pas avoir le poids d'un génocide sur les bras. Reste à savoir si nos dirigeants vont suivre le souhait de leurs électeurs...

Les silhouettes sombres étaient toujours stoïques parmi les arbres de la forêt, mais les éclats de voix qui leur parvenaient témoignaient du trouble qui agitait les troupes. Le professeur Hamelin, remarqua Fauve avec stupeur, s'était volatilisé.

Il a senti le vent tourner et s'est enfui, bien sûr ! Pervers, machiavélique, et lâche... *Le « méchant » idéal,* constata la jeune Sensi avec amertume.

Un hibou hulula au loin, comme pour accentuer l'atmosphère sinistre qui régnait devant la clinique. Le croissant de lune, fin comme une lame d'argent dans le ciel indigo, avait l'allure d'un cimetière tendu au-dessus de leurs têtes. Soudain, les ombres s'animèrent.

Chapitre 49

Sans un bruit, les guerriers s'enfoncèrent dans la forêt, comme happés par les ténèbres. Fauve tomba à genoux sur le bitume, Matis restait collé à Olive, Pierre frottait maladroitement le bras de Lila, Amos... Amos pianotait avec frénésie sur son écran. C'était le seul à ne pas se détendre, la jeune femme ressentait son angoisse grandissante.

Quelque chose cloche...

Inquiète, elle se leva et avança la main vers lui. Comme il ne s'écartait pas, elle s'enhardit et posa sa main gauche sur son dos massif. Le tissu de son tee-shirt était humide, encore mouillé de sueur. Ce contact électrisa la jeune femme, mais elle se ressaisit.

— Que fais-tu ? s'enquit-elle d'une voix prudente.

Il se frotta la mâchoire, mais ne détourna pas les yeux du clavier holo, les yeux froncés.

— J'essaie de joindre Malo, mais il ne répond pas. Ce n'est pas normal ! Du coup, j'épluche les actualités instantanées. J'ai un mauvais pressentiment...

Fauve avait envie de le rassurer, mais la boule qui grossissait dans sa gorge l'empêchait de parler. Elle aussi avait un mauvais pressentiment.

— Allez, viens, il ne faut pas rester là. Les soldats sont partis, mais qui sait si d'autres Toxis ne vont pas arriver ? On sera plus en sécurité dans la forêt. Et puis, même si la venue de ces drones a été salvatrice, je serais plus à l'aise loin des caméras.

Amos opina de la tête distraitement.

— OK, allons nous mettre à couvert. Mais ne nous éloignons pas trop, de bons samaritains ont dépêché un minibus électrique. Il va vous conduire jusqu'à votre village...

Le groupe s'enfonça dans les bois sombres avec circonspection. Fauve frisa l'arrêt cardiaque quand de petits animaux détalèrent à leur passage. Après quelques pas, les Sensis s'assirent sur une grosse souche, soulagés mais encore sur le qui-vive. Les engins volants s'étaient posés sur le parking. Les pilotes des drones, informés de l'arrivée imminente de leur moyen de transport, avaient a priori décidé de les laisser tranquilles quelques instants.

Amos, hypnotisé par l'écran de sa Smartwatch, s'accola à un arbre, à l'écart de la bande. Fauve se rapprocha subrepticement.

— Non ! hurla-t-il soudain. Ce n'est pas possible !

— Quoi ? s'écria la jeune femme en courant vers lui, effarée par l'explosion d'Amos, qui s'était effondré au sol, les genoux tremblants. Dis-moi !

— Il est mort, ils l'ont tué..., sanglota celui qui paraissait si fort et sûr de lui quelques minutes plus tôt. Ils l'ont traqué pendant des heures avant de l'abattre comme un chien !

C'est pour ça qu'il n'a pas pu déclencher le court-circuit plus tôt, comprit la Sensie. *Il était pourchassé...*

— Mais, comment ?

— Un flash info, éluda Amos. Il a pris de trop gros risques pour nous aider, jamais je n'aurais dû me reposer autant sur lui...

Sa voix s'étrangla sur ces derniers mots. Fauve sentit un douloureux sanglot monter dans sa gorge, qu'elle ravala au prix d'un grand effort. Amos avait besoin de soutien. Elle l'entoura de ses bras, dans lesquels il se laissa aller. Puis elle couvrit ses cheveux de tendres baisers, pendant un long moment. Fauve envoya sèchement paître Pierre, qui avait jugé opportun de se manifester.

Enfin, le Toxi se reprit, comme s'il s'éveillait d'un cauchemar. Il sécha ses larmes du revers de ses avant-bras, puis se dégagea de son étreinte avec rudesse.

Quelques minutes plus tard, un minibus arriva sur le site, escorté par un cortège impressionnant de voitures et de drones. Les véhicules de police se garèrent en travers de la route pour stopper la progression des curieux, tandis que le car destiné à ramener les Sensis se garait dans le parking. Affolés par la foule hystérique qui brandissait des smartphones pour les prendre en photos ou les filmer, les Sensis restèrent terrés dans le sous-bois.

Indifférent à l'agitation autour de lui, Amos pianotait toujours avec frénésie sur sa Smartwatch. Tout à coup, son appareil bipa. Les yeux écarquillés, la main tremblante, l'homme avança l'index pour toucher l'écran holo.

— Qu'est-ce que c'est ? s'enquit Fauve en se postant à ses côtés, une main sur son bras.

Cette fois-ci, il ne se dégagea pas.

— C'est Malo ! Un appel visio !!

Le visage du frère d'Amos apparut soudain. Son visage rond était en sueur et ses yeux exorbités témoignaient de sa peur.

— Comment ça va ?

— Les infos viennent d'annoncer ta mort, et tu me demandes comment ça va ?! s'écria Amos.

Malo grimaça, l'air exténué. Derrière lui, le mur en béton gris ne donnait aucune indication sur l'endroit où il se trouvait.

— Ouais, je sais, ce n'est pas cool... C'est la raison de mon appel, je ne voulais pas que tu t'inquiètes !

— Si tu voulais me rassurer, tu pouvais m'appeler plus tôt ! Tu es injoignable depuis qu'on est entrés dans ce fichu hosto !

Amos était hors de lui.

— Je ne pouvais pas. Tu peux me laisser t'expliquer ?

D'un geste de la main, la bouche pincée, son frère l'invita à parler.

— Bon, comme tu le sais, notre petit plan est tombé minablement à l'eau... J'étais surveillé depuis le début par les services secrets, qui n'ont pas perdu une miette de notre super projet. Les bâtards !

Il se passa la main dans ses cheveux trempés et souffla avec force.

— Bref, ils m'ont cueilli dans le studio où je créchais, juste après notre dernière entrevue. Ils m'ont interrogé de manière... musclée, et je dois t'avouer que je n'ai pas résisté longtemps. L'histoire de ta petite Sensie, le plan, tout...

— Ils t'ont torturé ? gronda Amos.

Malo haussa les épaules, mais son air lugubre allait à l'encontre de sa désinvolture affichée.

— Pas physiquement, finit-il par lâcher. Mais ils m'ont malmené, et j'ai craqué... Ils m'ont promis qu'ils n'allaient pas te faire de mal...

— Je vais bien, déclara Amos avec un peu plus de douceur dans la voix.

— Mes nouveaux employeurs m'ont laissé regarder les actualités tout à l'heure, on dirait que vous êtes sortis d'affaire...

— Tes nouveaux employeurs ?

— Ouais... figure-toi qu'ils m'ont offert un poste. Tu te doutes que je n'étais pas vraiment en mesure de le refuser. C'était ça, ou la prison...

— Tu te fous de moi ? Ils te manipulent pour que tu dises ça ?

Malo arbora un sourire triste.

— Tu ne penses pas que j'ai l'étoffe d'un espion, hein ? Difficile d'imaginer ton gros balourd de frère en James Bond, n'est-ce pas ?

— Mais non, le contredit Amos. C'est juste tellement... incroyable... Quand est-ce que je pourrais te voir ?

— Je prends l'avion dans une heure, direction inconnue. Top secret, frérot ! ajouta-t-il avec un clin d'œil. Mais je t'appelle dès que je peux.

Des Toxis détournèrent l'attention de Fauve et d'Amos quelques instants. Ils avaient franchi la barricade improvisée des forces de l'ordre pour courir vers leur groupe. Heureusement, plusieurs mètres séparaient le parking de leur emplacement dans la forêt. Des policiers les rattrapèrent. Les drones s'étaient rallumés et s'approchaient de plus en plus des Sensis.

— Attends ! Qu'est-ce qu'ils vont faire de toi ? Où vas-tu ? s'affola Amos.

Une main se posa sur l'épaule de Malo. Seul le bras, vêtu d'un vêtement de treillis, était visible sur l'écran.

— Il faut que j'y aille. À bientôt, frérot ! Dis à Maman que tout va bien pour moi.

La vidéo se coupa de manière abrupte. Amos resta figé, une vraie statue, pendant plusieurs secondes. Puis, il explosa.

— Putain, mais c'était quoi ça ? Des militaires ? Un avion ? Mon frère, espion pour le gouvernement ?

Fauve le laissa gesticuler. Au bout de quelques minutes, il se calma. La jeune femme en profita pour s'approcher et lui proposer le réconfort de ses bras.

— Laisse-moi, tu n'as pas besoin de faire ça...

La douleur que Fauve lisait dans son regard brisa son cœur.

— Je suis désolée pour tout à l'heure, je...

— Pas de justifications, s'il te plaît ! Tu vas retourner dans ton village avec tes amis, et moi...

Amos prit sa tête entre ses mains. Les doigts de Fauve glissèrent dans ses longs cheveux bruns, doux comme de la soie.

— Reste avec moi, le pria-t-elle d'une voix faible. Viens vivre à Argoat !

Il releva la tête, choqué. Au fond de ses prunelles, sous la couche arctique, une petite flamme s'était allumée, remarqua avec espoir Fauve.

Malgré toutes mes conneries, tout n'est peut-être pas encore fini entre nous...

Chapitre 50

— Tu n'es pas sérieuse ?! vociféra pourtant Amos.

Il repoussa sa main. Sans se démonter, elle lui jeta un regard intense.

— Tu as tout laissé tomber pour m'aider à retrouver mon frère et mes amis. J'imagine que tu n'as plus de travail à présent, tu n'es pas allé au magasin depuis des jours. Et puis, malgré notre libération, je ne pense pas que tu sois en sécurité parmi les Toxis après ton discours télévisé. Je ne crois pas que ton gouvernement ait plié de gaîté de cœur ! C'est la meilleure solution...

Amos se renfrogna.

— Donc, tu me proposes de vivre dans ta tribu, car tu as une dette envers moi, c'est ça ?

— Non ! Enfin, tu sais bien que ce n'est pas la seule raison ni la plus importante, murmura-t-elle, gênée.

Bien vite cependant, son malaise laissa la place à une résolution inébranlable, nourrie par des sentiments certes naissants, mais d'une force inattendue. Elle jeta un coup d'œil à Pierre, qui se tenait à quelques mètres de là, ses yeux noirs rivés sur les drones et les Toxis qui les regardaient comme des bêtes de foire. Ne manquaient que les cacahouètes.

Elle fit signe au Sensi, qui les rejoignit, une expression indéchiffrable sur le visage, le regard sombre.

— Je suis désolée, Pierre, mais notre histoire n'a pas d'avenir. J'en suis sûre maintenant, déclara Fauve de but en blanc.

Ce dernier dodelina de la tête, puis expira bruyamment. Puis l'homme fixa à nouveau Fauve, le visage empreint de vulnérabilité, mais aussi de résignation.

— Je sais. J'ai essayé, tu sais, mais... quand je suis avec toi, je ne peux m'empêcher de voir la victime dans tes yeux...

— Jamais je n'ai...

— Oui, mais peu importe, la coupa-t-il, la voix tremblotante, ça vient de moi. Tu les as vus m'humilier, me traiter comme un objet, et jamais je n'oublierai ton regard à ce moment-là. Malgré toute ma bonne volonté, je me conduis toujours comme un connard avec toi, et tu mérites mieux que ça. Il est temps que je te libère de cette relation toxique qui nous fait du mal à tous les deux...

Une larme coula le long de sa joue, fine et brûlante comme de la lave. Fauve esquissa un pas vers lui, mais Amos lui agrippa le bras pour l'en empêcher.

— Laisse-le, susurra-t-il dans le creux de son oreille.

Fauve surprit le regard curieux et craintif de Lila, qui oscillait entre eux deux. Être emprisonnés ensemble les avait rapprochés visiblement, et Fauve était curieuse de savoir à quel point...

Cependant, aucune pointe de jalousie n'aiguillonnait son cœur. Elle était plus sereine que jamais vis-à-vis de sa relation avec Pierre. La Sensie était enfin libérée du boulet qu'elle traînait aux pieds depuis des années. Elle se serait sentie grisée si l'anticipation d'un rejet de sa proposition par Amos ne lui donnait pas des sueurs froides. Le Toxi lut son anxiété dans son regard.

— Viens, isolons-nous pour discuter un peu, murmura-t-il.

Après quelques pas, il désigna deux rochers côte à côte. Les mains moites et le cœur au triple galop, Fauve s'installa sur l'un des promontoires. Le Toxi s'assit à son tour. La jeune femme tenta de sonder ses émotions, mais il était fermé comme une huître. Plongée dans la pénombre, elle distinguait à peine les traits de son visage. Les lampadaires du parking étaient trop éloignés, la végétation trop dense. Néanmoins, le regard d'Amos pesait de tout son poids sur elle.

— Tu ne veux pas venir au village, c'est ça ? s'enquit Fauve sans ambages, soucieuse d'être fixée au plus vite.

Les épaules d'Amos s'affaissèrent, et il souffla à plusieurs reprises.

Ce n'est pas bon signe...

— J'aimerais pouvoir te dire oui, mais ce n'est pas si simple... D'abord, je ne peux pas tout quitter du jour au lendemain : ma mère va avoir besoin de moi, elle va se demander où est passé Malo...

Sa voix déraillait, le cœur de Fauve se pinça.

— Oui, bien sûr, je comprends ! Mais, après... est-ce que tu voudras me rejoindre ? insista-t-elle.

Elle savait que ce n'était pas le bon moment pour le harceler ainsi, mais il n'y en aurait peut-être pas d'autres... La tête baissée, Amos continua à étaler ses arguments, d'un ton plus ferme.

— Il y a aussi mon travail, même si je l'ai sans doute perdu, comme tu l'as déjà évoqué. Mes amis, mon mode de vie... Tu me demandes de tout quitter pour me plonger dans l'inconnu, alors qu'il y a encore quelques minutes ton cœur balançait entre Pierre et moi ? l'accusa-t-il d'une voix soudain féroce.

Elle hoqueta, surprise par cette pique.

— Mon cœur n'a jamais balancé ! J'étais perdue, c'est vrai, mais maintenant j'y vois clair, et c'est toi ! Sans l'ombre d'un doute, c'est de toi que j'ai envie, dont j'ai besoin ! S'il te plaît, ne me... ne me rejette pas...

Il garda le silence, figé, le regard fixé au sol, la mâchoire crispée, tandis qu'elle fondait en larmes, le corps secoué de sanglots.

Et voilà, tu te donnes en spectacle, ricana une méchante voix dans son crâne. *Il ne t'aime pas, et toi, tu le supplies de rester à tes côtés. Pitoyable !*

Alors que la Sensie s'apprêtait à se lever pour courir se cacher dans un trou de souris, Amos se mit à genoux devant elle. Il agrippa ses mains et leva le menton vers Fauve, les yeux brillants. Des mèches rebelles dansaient devant son visage d'ange déchu.

— Je ne veux pas te rejeter... Crois-le ou non, ton apparition dans ma vie a réveillé bien plus que des pulsions sexuelles...

Le cœur de Fauve fit un double salto dans sa poitrine. Amos déglutit, les lèvres tremblantes, avant de poursuivre.

— Mais ce que tu me demandes, je ne sais pas si je peux te l'accorder. Je suis continuellement sur des montagnes russes émotionnelles avec toi, et avec... Après ce que vient d'annoncer Malo, je ne suis pas sûr de supporter un nouveau tour de manège.

— Mais c'est fini, je ne vais plus te blesser.

Sa bouche s'étendit en un sourire triste, presque résigné.

— Ne me fais pas de promesses que tu n'es pas sûre de pouvoir tenir, ma belle... On reparlera de tout ça plus tard, d'accord ?

— Comment veux-tu qu'on garde contact ? gémit Fauve.

— On trouvera un moyen...

— Le chauffeur du minibus vous attend. Et les policiers ne vont pas réussir à contenir la foule très longtemps.

— Mais...

L'homme lui cloua le bec d'un baiser fougueux, qu'il acheva de manière abrupte, comme si le prolonger pouvait s'avérer dangereux.

— Va ! Va retrouver les tiens. Tu auras de mes nouvelles très vite, promit-il avant de la bousculer pour qu'elle s'en aille.

Il n'éprouve pas les mêmes sentiments que toi, c'est clair maintenant ? Sinon, il ne te dirait pas de t'en aller... Il promet de te donner de ses nouvelles, pour te ménager, mais tu sais bien que c'est faux. S'il te reste un peu d'amour-propre, va-t'en ! ordonna sa conscience meurtrie.

Malgré l'envie de ne pas l'écouter, Fauve lui obéit. Elle avait la sensation d'avaler un porc-épic, mais ne pouvait désobéir à la voix sinistre qui lui soufflait des horreurs.

Chapitre 51

Un mois plus tard

— Allez, dépêche-toi, on va être en retard à l'inauguration à cause de toi ! trépigna Marguerite derrière la porte de la salle de bains.

— Ils nous attendront, tu es le maire après tout, grommela Fauve. Aïe !

Un peu plus et mon peigne se brisait en deux… Fichue tignasse ! Pire que du crin de cheval…

Enfin, elle parvint à dompter sa flamboyante crinière rousse. Sa mère, vêtue d'une jolie tunique turquoise qui flattait sa silhouette gironde, l'attendait les bras croisés dans le couloir.

— La princesse est prête, on peut y aller ? grinça Mme le maire.

Les deux femmes quittèrent la maison de Fauve pour arpenter les ruelles d'Argoat. Une odeur de pain chaud, d'humus et de foin emplit aussitôt leurs narines.

L'odeur du village... Argoat m'a tellement manqué, songea-t-elle. *Mais moins que l'homme qui occupe toutes mes pensées...*

Une crampe familière contracta sa poitrine. Sa petite voix intérieure avait eu raison : Amos ne l'avait pas contactée. Elle n'avait aucune nouvelle depuis leur séparation sur le parking de la clinique.

Une poule caqueta quand la Sensie faillit lui marcher dessus. L'envie de donner un coup de pied dans la volaille l'effleura un instant. Toute cette colère en elle menaçait de la rendre folle...

Fauve jeta un coup d'œil à sa mère, dont le visage s'était assombri. Elle était elle aussi plongée dans le même genre de pensées. Sauf que les siennes concernaient Bastien, son traître de petit-ami. Depuis la découverte de la vérité, elle était en permanence d'une humeur de chien. Le duo croisa un jeune homme blond d'une trentaine d'années, au sourire charmeur. Il fit un clin d'œil à Marguerite, qui le gratifia d'un sourire sensuel. Fauve sentit ses joues s'empourprer.

Ah oui, j'oubliais qu'elle est d'une humeur exécrable, SAUF quand elle met dans son lit tous les minets énamourés qui lui tournent autour. Ma mère est une cougar ! se lamenta la Sensie.

Toutes deux atteignirent les écuries, où les attendaient leurs chevaux. Fauve caressa la croupe baie du sien.

— Bonjour, Choco, le salua-t-elle.

Sa couleur lui rappelait son addiction, qui, depuis son départ de Rennes, n'avait pu être comblée. Le jogging et, à l'occasion, des crises de boulimie étaient de piètres exutoires. Dire qu'elle avait les nerfs en pelote était un euphémisme.

Les femmes enfourchèrent leurs montures et cavalèrent dans la forêt, empruntant un petit chemin de terre qui menait droit vers le village de Geneliezh.

— On en est encore loin ? se plaignit Fauve après un moment.

Le martèlement des sabots de Choco sur la terre battue, les odeurs sauvages, mélange de terre chaude et de chlorophylle, les pépiements des oiseaux... toutes ces sensations étaient un millier de fois plus agréables que celles éprouvées par la Sensie en ville, et pourtant elle demeurait nostalgique des moments passés en compagnie d'Amos.

— Cesse de te plaindre et accélère, on est attendues, grogna Marguerite, dont l'imposant fessier rivalisait avec celui de son cheval.

— Tu veux dire que TU es attendue, marmonna Fauve.

Moi, personne ne m'attend...

Cette pensée lui donna un coup de poignard au cœur. Par Gaïa, elle était malheureuse comme les pierres depuis que le beau Toxi avait disparu de sa vie ! Pierre tournait autour de Lila, Olive et Matis se donnaient en spectacle sans arrêt, enfin libérés des tabous qui les empoisonnaient. Quant à Fauve, les souvenirs de son séjour chez Amos étaient plus vivants que jamais dans son esprit tourmenté. Elle donna un coup de talon sur les flancs de sa monture, les larmes aux yeux, et dépassa au triple galop celle de sa mère.

Enfin, la végétation se fit moins dense, puis laissa la place à un vaste champ de blé. Les destriers le longèrent pour accéder au modeste village dont les habitations, de simples cabanes en bois, se découpaient derrière les épis. Il ressemblait davantage à un campement, même si les résidents y habitaient pour certains depuis des années. Comme à Argoat, des poules les accueillirent. L'air était saturé d'une forte odeur de fumier. Les Aspirants étaient presque tous fermiers et vivaient des produits de la terre. La vente du surplus de production leur permettait d'acheter ce qu'ils ne pouvaient cultiver. Leurs précieuses denrées étaient stockées dans de vastes hangars et silos.

Un attroupement enthousiaste se forma autour des deux femmes. Un homme aux cheveux blancs, vêtu d'un sarouel et d'une tunique en lin, à la manière sensie, les étreignit avec chaleur quand elles descendirent de leurs montures.

— Ah, nous commencions à nous demander si vous alliez venir ! s'exclama-t-il d'une voix cependant dénuée de reproches, un grand sourire aux lèvres.

Marguerite jeta un regard noir à sa fille avant de le suivre. Le chef du village, Fanch, conduit Mme le maire jusqu'à l'estrade.

Fauve reconnut plusieurs Sensis parmi la foule qui grossissait devant le promontoire. *Il y a même peut-être quelques Toxis parmi les Aspirants, curieux d'assister au discours de Marguerite,* songea la jeune femme.

D'un geste professionnel, sa mère rapprocha le porte-voix de sa bouche.

— Mes chers amis, ce jour est à marquer d'une pierre blanche... Comme vous le savez tous à présent, le gouvernement toxi a soutenu il y a peu des recherches scientifiques pour trouver un remède à une maladie qui sévit dans leur population : la perte sensorielle généralisée, ou PSG. Nous avons payé le prix fort des méthodes peu scrupuleuses du professeur Hamelin, responsable de ce projet. Grâce à l'aide d'un demi-Sensi qui nous a tous bernés... et moi la première...

La mère de Fauve porta son verre d'eau à ses lèvres, les lèvres tremblantes.

— Je disais donc... Bastien, aidé par Biz, a réussi à manipuler quelques jeunes esprits parmi nous. La drogue dérivée du virus du PSG, qui a pour effet chez les Sensis d'endormir provisoirement nos sens et nos sentiments, s'est révélée un levier précieux pour achever de convaincre ces adolescents que l'herbe était plus verte chez les Toxis. Ses complices, Biz et Maxime, ont été froidement éliminés quand ils ont menacé de parler. Une fois détenus dans une clinique toxie, nos jeunes se sont transformés en cobayes pour ces chercheurs sans foi ni loi. Les policiers qui accompagnaient Bastien quand il s'est proposé pour les retrouver ont été, aussitôt partis, capturés à leur tour par les Toxis. Ma fille, Fauve, et ses amis, Pierre, Lila et Olive, se sont lancés à l'assaut de la ville, malgré le danger. Même si je leur en veux toujours d'avoir pris autant de risques, leur courage exemplaire a permis la libération des captifs, et pour cela, je ne les remercierai jamais assez...

Marguerite plongea un regard empli d'amour dans celui de Fauve, qui fut surprise par une telle démonstration. Ce n'était guère le genre de sa mère...

— Malgré le terrible affront que nous ont fait les Toxis, nous ne sommes à ce jour pas en guerre avec eux... Au contraire, nous inaugurons le premier village « passerelle » entre Toxis et Sensis ! Il sera le lieu de rencontre entre nos deux peuples. Notamment, les Toxis atteints du PSG pourront désormais séjourner ici pour profiter d'une proximité physique régulière avec des Sensis. Par roulement, nous viendrons chaque jour à Geneliezh afin de faire profiter les Toxis de nos ondes cérébrales bienfaitrices, qui ont, semble-t-il, le pouvoir de guérir cette maladie. En échange, les Toxis se sont engagés à nous procurer des engins électroniques dénués d'ondes néfastes, spécialement développés à notre intention. Lecteurs de musique, de vidéos, appareils électriques en tout genre... Nous veillerons bien sûr à limiter leur utilisation pour qu'ils n'influent pas trop sur notre mode de vie, mais nous espérons ainsi juguler l'attrait que la ville a sur certains de nos enfants... En augmentant le confort, notre but est de trouver un équilibre entre la modernité et l'archaïsme... Comment en sommes-nous arrivés là ? Grâce à un jeune homme toxi, qui a plaidé la cause de son peuple et est parvenu, non seulement à faire entendre raison à ses concitoyens, mais aussi à nous convaincre d'emprunter cette voie pacifique, profitable aux deux camps...

De dos, un homme aux longs cheveux bruns monta les marches de l'estrade, poussé par la foule. Fauve manqua défaillir. Tel un oiseau affolé, son cœur était secoué de battements frénétiques, comme pour s'échapper de sa cage thoracique.

Enfin, l'homme se tourna. Des yeux, d'un bleu si clair qu'ils concurrençaient le ciel en beauté, balayèrent l'assistance un court instant, avant de se fixer pour de bon sur ceux de Fauve. Cette dernière se figea, hypnotisée par le regard insistant d'Amos.

Chapitre 52

Les paroles qu'il prononça dans le porte-voix parvinrent à Fauve de très loin, le tambour qui cognait dans ses tympans était trop bruyant.

— Merci... Honneur d'être là... Blablabla...

Elle se fichait du discours d'Amos, seule importait sa présence sur ses terres. Vêtu d'une chemise blanche cintrée, tendue par sa carrure de rugbyman, et d'un pantalon noir moulant, l'homme avait belle allure. Ses cheveux défaits cassaient le classicisme de sa tenue. Des mèches rebelles caressaient son visage, agitées par la légère brise qui peinait à rafraîchir le corps échauffé de Fauve. Le contraste entre ses traits francs, à la force brute, et sa chevelure soyeuse, féminine, était saisissant.

Seule au milieu de la foule, le poids de ses émotions manqua la faire défaillir. Et ce regard qui ne se détachait pas du sien... Difficile de l'interpréter, mais une chose était sûre, il n'était pas indifférent et froid, loin de là.

Il est venu ! glapit sa voix intérieure. *Pourquoi ma mère ne m'a pas prévenue ? Peu importe, il est là, pour moi !*

Mais le démon dans sa tête reprit très vite le contrôle.

Non, c'est pour l'inauguration qu'il s'est déplacé. Certes, il te mange des yeux, mais ça ne veut rien dire. Rappelle-toi, tu éveilles son désir alors qu'il n'en éprouvait plus. Il doit être en manque de sexe, c'est tout !

L'humeur de la Sensie s'assombrit, mais la pulsation dans son crâne ne ralentit pas la cadence, hors de contrôle. La femme éprouvait une faim douloureuse qui lui tordait l'estomac, mais qui n'avait rien à voir avec la nourriture.

Sous les applaudissements de la foule, Amos descendit de l'estrade. Happé par le public, Fauve le perdit de vue un court instant. Son cœur manqua un battement. Puis sa tête émergea du flot humain et il nagea droit sur elle, tel un requin attiré par l'odeur du sang. Sa haute stature l'élevait au-dessus du commun des mortels, le rendant impossible à ignorer.

Comme si j'avais envie de le faire, grommela Fauve en son for intérieur. *En fait si, j'aimerais être capable de le snober pour lui faire payer son silence depuis notre séparation. Il aurait pu m'envoyer une lettre par méca-pigeon. Ou se déplacer jusqu'au village pour me voir. En voiture, le trajet était rapide depuis Rennes après tout, et il savait être le bienvenu à Argoat. Bien sûr, il était choqué par l'enrôlement soudain de son frère dans les services secrets... mais j'aurais pu le soutenir, le consoler, s'il m'en avait laissé l'occasion. Merde, j'aurais même été prête à retourner en ville, malgré la douleur !*

Quand Amos lui saisit les poignets et se planta en face d'elle, ses récriminations s'envolèrent en fumée. Amos leva sa main droite pour caresser sa joue avec tendresse, et Fauve se sentit fondre. Son visage se pencha vers celui de la Sensie, attirée par ses lèvres charnues. Ce geste réveilla soudain l'instinct de conservation de la jeune femme. Elle pinça les lèvres et recula d'un pas, mue par un réflexe salvateur.

Protège-toi, idiote ! hurlait sa conscience meurtrie.

— J'ignorais que tu serais là, articula Fauve d'une voix prudente teintée d'un soupçon d'agressivité. À vrai dire, j'ignorais si je te reverrais un jour...

Amos se massa la mâchoire, mal à l'aise. Ce tic familier provoqua une bouffée de chaleur chez Fauve, qui se maudit pour son envie de se jeter dans les bras du Toxi.

— On peut s'isoler pour parler quelques instants ?

Le souvenir de leur dernier tête-à-tête était encore très douloureux pour Fauve, aussi hésita-t-elle à suivre Amos jusqu'au banc de pierre, un peu à l'écart du village, qu'il désignait du doigt. Un chêne massif le surplombait, plus jeune cependant que celui de Guillotin, et ombrageait un large espace sous son toit feuillu. Des cailloux aux arêtes tranchantes blessèrent les pieds nus de la Sensie tandis qu'elle progressait sur le sol terreux. Malgré la corne qui protégeait sa peau, Fauve sentit le sang perler, ce qui, curieusement, apaisa un peu son anxiété. Amos tapota l'assise en granit, le regard plus ténébreux que jamais. Elle s'installa à quelques centimètres de lui, les muscles crispés, prête à fuir.

— Je suis navré de ne pas t'avoir donné de nouvelles, déclara Amos sans préambule. Ce n'était pas l'envie qui me manquait, mais...

Il expira par le nez et détourna les yeux.

— Mais tu avais mieux à faire, c'est ça ? compléta Fauve aussitôt. Ne te bile pas, j'ai compris. Ton dopeur est tombé en panne, c'est ça ? Et comme, à cause de ta maladie, les femmes toxies ne sont pas capables de te donner du plaisir... tu t'es dit : tiens ! Mais oui, je vais aller voir Fauve, cette bonne poire va se faire une joie d'écarter les cuisses pour me satisfaire ! Non seulement je vais prendre mon pied, mais en plus ces imbéciles de Sensis vont me faire un accueil digne d'un héros ! Ça vaut bien le déplacement !

Elle criait à présent, hystérique, debout face à un Amos abasourdi. Elle releva le menton dans une attitude de défi.

— Tu dis n'importe quoi ! s'étrangla-t-il avant de se lever d'un bond à son tour et de l'empoigner avec rudesse. Tu es malade d'imaginer des choses pareilles ! Dis-moi que tu ne crois pas un mot de ce ramassis de conneries !

— Quoi ? Ce n'est pas la vérité ? cracha Fauve, incapable de filtrer les paroles qui écorchaient son gosier à mesure qu'elles sortaient de sa bouche. Alors, dis-moi ! Quelles sont les raisons qui te poussent à venir jusqu'ici, la bouche en cœur, après avoir repoussé ma proposition et fait le mort pendant tout ce temps ?

— Tu sais bien pourquoi je suis là ! hurla Amos, l'air aux abois.

— Tu es prêt à vivre avec moi ? le provoqua-t-elle, avec le secret espoir qu'il réponde par l'affirmative.

L'étau qui enserrait les bras de Fauve se relâcha tout à coup. Sous le choc, le Toxi resta un long moment aussi immobile qu'une statue, les yeux écarquillés.

— Je ne sais pas si je suis capable de tout quitter pour quelqu'un, souffla enfin Amos d'une toute petite voix. Même si ce quelqu'un, c'est toi...

Cet aveu eut l'effet sur Fauve d'une gifle cinglante. En mode automatique, elle recula d'un pas. Puis de deux.

— Alors, nous n'avons pas d'avenir ensemble, murmura-t-elle avant de faire volte-face.

Les spectateurs de leur dispute, attirés par leurs cris, s'écartèrent quand la jeune femme s'éloigna en courant de l'homme qui ne faisait que la blesser. Cet aparté avait un goût amer de déjà-vécu. À croire que le destin s'amusait à la faire sans cesse tourner en bourrique.

Basta ! J'arrête les frais... Peu importe qu'il ait des sentiments à mon égard, il n'est pas prêt à faire le grand saut avec moi. Et j'en ai soupé des hommes qui ne savent pas ce qu'ils veulent ! J'en ai assez de n'être la priorité de personne...

Les larmes, ses fidèles compagnes depuis trop longtemps, noyèrent sa vision tandis qu'elle enfourchait son cheval et s'éloignait au galop de la source de ses maux. Elle pria pour s'étouffer dans l'eau de ses sanglots, mais son vœu ne fut pas exaucé. Gaïa, Dieu, le diable... quelle que soit l'entité qui décidait de son destin, elle la haïssait de tout son être. Mais c'était sans doute trop facile de s'énerver contre un être hypothétique coupable de tous ses malheurs.

Personne ne se préoccupe de ton sort..., persifla la petite voix mauvaise qui avait pris ses aises dans son crâne ces derniers temps.

Chapitre 53

Un cri résonna derrière Fauve. Une voix d'homme, puissante, qui hurlait son prénom.

Non, ce ne peut pas être lui...

La jeune femme se raidit, incapable de se retourner pour découvrir le visage du cavalier qui la talonnait à présent. Le martèlement des sabots de son cheval, de plus en plus sonore, faisait écho à celui de sa monture.

— Fauve ! Arrête-toi, s'il te plaît ! supplia la voix, désormais clairement identifiable.

Elle hésita un court instant, jura, puis donna un coup de talon sec sur les flancs de son cheval. L'équidé manifesta sa désapprobation, mais finit par obéir et accéléra.

— Je t'ai apporté du chocolat ! s'écria soudain Amos d'un ton suppliant.

Surprise, Fauve tressaillit à ces mots, comme une junkie en manque. Puis, la colère prit le pas sur son désir de fuite. La jeune femme tira tout à coup sur les rennes, les joues en feu. L'animal ralentit ; son souffle bruyant rivalisait avec celui de Fauve, mais pour des raisons différentes.

Le dos si droit qu'une tige en métal aurait pu faire office de colonne vertébrale, elle patienta pendant que le Toxi arrivait à sa hauteur. Il lutta pour se mettre à son niveau sur l'étroit chemin de terre. Néanmoins, le regard de la Sensie resta fixé sur le bout du tunnel végétal qui les entourait, pareil à un cocon verdoyant. Les arbres touffus étaient si grands que leurs cimes se rejoignaient et masquaient le ciel. Cet écran naturel bloquait les rayons brûlants du soleil, et procurait une agréable fraîcheur en ce mois de juin. Pourtant, Fauve suffoquait, en proie à des bouffées de chaleur qui faisait perler la sueur sur son front.

La torsion de son cou fut si rapide que ses muscles l'élancèrent aussitôt.

Manquerait plus que je me fasse un torticolis, en plus du reste !

Comme aimantés, ses yeux se plantèrent dans ceux d'Amos, plus tranchants que des couteaux. L'éclat paniqué dans ceux de l'homme surprit Fauve, mais elle ne se laissa pas distraire pour autant.

— Tu ne doutes de rien si tu crois que quelques malheureux carrés de chocolat vont me calmer ! le fustigea-t-elle.

Fauve reconnut la belle robe caramel du cheval de Marguerite.

Quelle traîtresse ! À moins qu'il l'ait emprunté sans demander la permission...

Ce qui n'aurait pas été une surprise, il fallait s'attendre à tout d'un connard pareil !

Amos se passa la main dans les cheveux avec nervosité. Malgré la transpiration, il était sexy. Sa chemise blanche, désormais transparente à cause de la sueur, et souillée de terre à plusieurs endroits, collait à son torse musclé. Malgré sa colère, un spasme de désir contracta son bas-ventre. Il était beau comme un dieu grec.

Mais avec la sensibilité d'un… Toxi, songea Fauve avec dépit.

— Reconnais que ça t'a stoppée dans ta course folle, tenta de plaisanter Amos, mais le regard noir de son interlocutrice le fit grimacer de contrition. Pardon, je sais que tu m'en veux, et tu as tout à fait raison. Ce que je t'ai dit, c'était minable… reconnut-il, la tête basse.

— C'était pire que minable, gronda Fauve. Tu as agi comme un salaud ! Une fois de plus…

Il secoua la tête.

— Je sais, mais laisse-moi t'expliquer… Tu ne m'as pas laissé parler tout à l'heure ! s'exclama-t-il.

— Le peu que tu as réussi à dire ne m'a pas fait du bien, alors je n'ai pas franchement envie d'entendre le reste !

Le regard de Fauve s'était éloigné du visage du Toxi pour fixer une branche au hasard. C'était la seule façon pour elle de garder une contenance, face au magnétisme de ses yeux bleus et à ses pouvoirs hypnotiques.

— Il faut vraiment qu'on en parle, il est hors de question que je parte comme ça ! Je t'en prie…, dit-il en se penchant pour lui toucher le bras.

Sa détresse émut Fauve, qui était, selon son propre avis, bien trop faible en présence de celui qui faisait battre son cœur. Après un long soupir, elle lui fit signe de la suivre. Sa monture emprunta bientôt un sentier herbu qui bifurquait sur la gauche. Son étroitesse ainsi que les orties qui le bordaient poussa Amos et son destrier à reprendre place derrière sa guide. Après quelques minutes de trajet, elle glissa sur le flanc de son cheval avec la grâce de l'habitude, puis attacha la bride à la branche d'un arbre. Amos fit de même avec moins de souplesse.

Le couple progressa en silence dans la végétation, jusqu'à un imposant amas rocheux.

— Le Tombeau du Géant, le présenta Fauve d'une voix lasse et dénuée d'émotion. Ce serait la sépulture d'un colosse tué par les chevaliers de la Table ronde, d'après la légende. On peut s'asseoir sur l'un des rochers...

Amos hocha la tête avec raideur, puis s'installa sur l'un des menhirs couchés du monument mégalithique. La Sensie prit place en face de lui.

— Vas-y, explique-moi, l'encouragea-t-elle avec méfiance.

Elle emprisonna ses genoux de ses bras, dans l'expectative. Amos se pencha quant à lui en avant, le corps tendu vers la jeune femme.

— J'ai envie d'être avec toi, déclara l'homme avec conviction. Depuis qu'on s'est quittés sur le parking de la clinique, je n'arrête pas de penser à toi. Tu me manques, Fauve, et je suis tous les jours surpris par l'intensité du besoin que j'éprouve de te voir, de te toucher...

Étonnée par cette déclaration, elle écarquilla les yeux, puis se renfrogna.

— Pourtant, tu as rejeté ma proposition encore une fois.

Amos soupira.

— Je sais que tu ne peux pas vivre longtemps en ville, c'est trop douloureux pour tes sens. Alors, comme tu me l'as demandé, la solution évidente est de m'installer dans ton village, je le sais bien… Et j'avais envie de te répondre oui tout à l'heure, si tu savais à quel point…

— Mais ?

— Il faut me comprendre. Depuis que je suis malade, je n'ai eu aucune relation amoureuse. Rien que des aventures sans lendemain pathétiques. Les femmes me quittaient quand elles s'apercevaient de mon problème. Ma maladie n'est pas contagieuse a priori, elle se déclenche spontanément, sans cause identifiée à ce jour. Mes partenaires finissaient pourtant toujours par me repousser, à cause de cette froideur physique dont je faisais preuve à mon insu. J'essayais de cacher mon manque de sensations, mais je ne devais pas être très doué… Mes émotions, mes sentiments ne sont pas altérés par la perte sensorielle, mais ces filles semblaient le croire… ou peut-être que ça les arrangeait de se dire que j'étais incapable de ressentir quoi que ce soit, même quand elles me jetaient comme une merde. À force, je me suis sans doute identifié au personnage impassible pour lequel elles me prenaient.

Amos fit une longue pause, le regard voilé, plongé dans des souvenirs qui ternissaient ses yeux pâles.

— Comme une tornade, tu es entrée dans ma vie. Une rencontre qui a d'abord réveillé mes vieux démons liés aux Sensitifs. Comme tu le sais, mon père nous a probablement abandonnés, ma mère, mon frère et moi, pour vivre parmi une tribu d'Aspirants. Il voulait tellement être comme vous… Après sa disparition, j'en ai voulu aux Sensis pour me l'avoir arraché alors qu'il est le seul à blâmer. C'est idiot, n'est-ce pas ?

— Non, je comprends, souffla Fauve, touchée par cette confession à cœur ouvert.

Sans s'en rendre compte, elle attrapa les mains d'Amos pour les serrer dans les siennes.

— Bref, c'est pour ça que j'ai menacé de te livrer au sniffeur, même si je ne risquais pas d'être contaminé. J'avais déjà été en contact avec des Sensis en compagnie de mon père. Il désirait tellement attraper le virus… Mais quand je t'ai vue terrifiée par ma présence, dans le couloir de mon appartement, quelque chose s'est réveillé en moi, une flamme que je pensais morte depuis longtemps… Mais tu l'as douchée après notre premier « câlin », et mon instinct de préservation s'est mis en branle.

— Je suis désolée pour ça, s'excusa Fauve, de plus en plus émue par le discours de son compagnon.

Amos tourna la main de la Sensie et en baisa la paume avec tendresse.

— C'est pardonné. Mais je crois que mon mode « connard » est encore actif ! Je te demande de m'excuser, je ne voulais pas te blesser, crois-moi…

Fauve avait désormais envie de l'embrasser, mais une question restait en suspens.

— Excuses acceptées… mais j'avoue que je suis perdue. Si tu n'es pas prêt à t'installer ici, mais que tu veux quand même me voir, comment comptes-tu faire ? Après ma relation chaotique avec Pierre, j'aspire à plus que de la demi-mesure. J'en ai assez d'être reléguée au second plan. Pour être honnête, je ne pense pas que je pourrais le supporter à nouveau.

— Je pensais venir te rendre visite le week-end, mais j'ai changé d'avis. Quand tu t'es enfuie tout à l'heure, la perspective de ne plus jamais te revoir m'a bouleversé. Ça m'a fait l'effet d'un électrochoc, et j'ai compris que je ne voulais plus être loin de toi, même quelques jours. Alors, je pense m'installer dans le village des Aspirants le temps de m'acclimater, et ensuite... si tu veux toujours de moi, j'aimerais vivre à Argoat à tes côtés...

Son sourire timide, ainsi que ses yeux brillants, acheva de convaincre Fauve, qui se jeta dans ses bras. Un délicieux frisson parcourut son échine alors que des bras forts l'enveloppèrent avec passion. Leur baiser, d'abord doux, devint sensuel, puis exigeant. Cédant à leurs pulsions, les amants se retrouvèrent allongés dans l'herbe, enlacés comme s'ils ne voulaient former qu'un. Amos avait pris le dessus, et repoussait avec avidité la tunique et le pantalon en lin de Fauve. Cette dernière arracha les boutons de la chemise d'Amos pour caresser son torse affriolant, parsemé de quelques poils virils qui se prolongeait en une ligne fine le long de son ventre, jusqu'à la ceinture de son pantalon. Fauve tira sur le passant avec frustration, tout en aspirant la langue d'Amos avec avidité.

— Tu es gourmande, ma lionne ! s'amusa le Toxi, qui l'aida dans sa tâche.

— Tu n'as pas idée... D'ailleurs, tu m'as promis du chocolat, se rappela la jeune femme.

— Il est dans un sac isotherme, au village des Aspirants. Tu l'auras si tu n'es pas sage...

— Oh, ne t'en fais pas pour ça, murmura Fauve d'une voix rauque, assortie d'une œillade lourde de promesses coquines.

Épilogue

14 juillet 2058

La place du village était noire de monde. Une multitude de lampions illuminait Argoat d'une lueur chaleureuse et festive. Sensis et Aspirants s'étaient réunis pour célébrer le 14-Juillet ensemble. Quelques Toxis triés sur le volet avaient également été conviés à la fête. Un acte fort, marquant le début d'une ère nouvelle, sous le signe de la collaboration.

Les fumets dégagés par les différents stands mettaient l'eau à la bouche de Fauve. Elle attrapa une crêpe au caramel au beurre salé sur l'un des *billigs*[1] brûlants, avant de se frayer un chemin à travers la foule en direction de la mairie. Arrivée à destination, elle s'épousseta les mains sur sa tunique en lin beige. La friandise avait un goût de

1 Crêpière/galetière en breton.

trop peu, mais les lèvres d'Amos constituaient un substitut plus qu'acceptable. Elle l'embrassa goulûment.

Vêtu d'un pantalon lâche en lin blanc cassé, et d'une tunique de la même couleur, le Toxi était splendide. Le col en V dévoilait en partie son torse musclé. Ses cheveux noirs comme la nuit caressaient ses larges épaules, et ses yeux acier brûlaient d'un désir ardent.

— Tu as un goût de sucre, susurra-t-il en se passant la langue sur les lèvres.

Fauve haussa les épaules.

— Bah, tu ne m'as pas encore rapporté de nouvelles tablettes de chocolat ! Il faut bien que je pallie le manque !

Amos arbora un air exagérément choqué.

— Tu as déjà tout mangé ?! Mais où stockes-tu donc tout ça ?

— Il n'y a pas de magie ! Je dois courir beaucoup pour éliminer toutes ces calories ! Et tu oublies les séances intensives que je passe avec tes amis toxis !

Les malades atteints de la PSG se rendaient par groupes au village des Aspirants deux fois par semaine, afin d'être mis en contact avec des Sensis. Le don de Fauve la rendait particulièrement efficace pour atténuer les symptômes de la maladie, mais les autres villageois avaient également un effet bénéfique sur les Toxis. Amos était quant à lui presque guéri.

Un miracle qui pouvait s'expliquer par une très grande proximité…

Amos se rapprocha à nouveau d'elle, un sourire coquin sur le visage.

— Je connais d'autres manières de se dépenser…

— Oh, les amoureux ! Il y a des chambres pour ça ! s'exclama une voix féminine derrière eux.

Fauve se retourna pour faire face à Lila. Gênée, elle ne sut quoi répondre. Les deux Sensis s'étaient évitées depuis leur retour au village. Pierre, en revanche, se promenait souvent avec l'amie de Fauve, mais adressait à peine la parole à cette dernière.

Il faut laisser du temps au temps, se dit Fauve. *C'est normal qu'il prenne ses distances, le temps de digérer notre séparation définitive.*

En revanche, Lila lui manquait. Qui pouvait mieux la comprendre que sa meilleure amie ? Elle aimait Amos, mais c'était un homme doublé d'un Toxi... Et puis, personne ne la faisait rire comme Lila. Sa franchise et son langage fleuri lui manquaient cruellement.

Comme si elle avait lu dans ses pensées, la jeune femme lui jeta un regard empreint de douleur et de tristesse.

— Je peux t'emprunter ta chérie quelques instants, beau gosse ? demanda soudain Lila.

— Bien sûr, répondit Amos avec un grand sourire entendu.

Surprise, Fauve se laissa entraîner par la Sensie. Sans un mot, Lila l'entraîna dans les bois. Elle ne s'éloigna pas beaucoup, car la forêt était très sombre du fait de l'absence de lune. À quelques mètres des festivités, Lila s'arrêta pour s'asseoir sur un tronc d'arbre renversé. Les traits de son visage étaient flous, à peine éclairés par la lueur distante des lanternes. Avec circonspection, Fauve s'installa à ses côtés.

— Bon, tu vas me faire la gueule encore longtemps ? lança tout à coup Lila en poussant son amie, qui manqua de basculer en arrière.

— Je ne te fais pas la gueule ! se défendit Fauve, les joues rouges. C'est toi qui ne me parles plus !

— J'attendais un geste de ta part, réagit la jeune femme à voix basse, l'air vulnérable. Je sais que ça te dérange que je fréquente Pierre, mais comme tu sors avec Amos... Je me suis dit que peut-être...

Fauve se leva pour se planter face à elle, puis lui prit les épaules.

— Arrête, je ne t'en veux pas. Au début, ça m'a dérangée que tu t'intéresses à lui. Mais maintenant, je suis heureuse pour vous deux.

Lila eut un rictus tordu.

— Super, mais t'emballes pas, on ne sort pas ensemble. Il est... un peu sauvage, je dirais !

Fauve éclata de rire et se rassit sur la souche.

— Oh oui, je confirme qu'il n'est pas facile à cerner !

— Peut-être que si tu m'expliquais le fameux événement qui l'a traumatisé...

— Je lui ai promis de ne rien dire, Lila.

— Est-ce que cette promesse l'a aidé jusque-là ? s'enquit Lila d'un ton sec, l'air déterminé.

Après une longue hésitation, Fauve admit qu'informer sa confidente lui permettrait sans doute de percer les défenses de Pierre. L'omerta n'avait que trop duré ! Elle lui déballa donc toute l'histoire, le cœur battant.

— C'est la première fois que je raconte ça à voix haute, bredouilla Fauve, les larmes aux yeux.

Lila paraissait tout aussi émue.

— C'est vraiment horrible... Je comprends mieux son comportement maintenant. Merci, Fav'... Maintenant, c'est ton tour. Dis-moi tout sur ton Toxi ! Il baise bien ? Il est sympa avec toi ? Sa ville ne lui manque pas trop ?

Fauve s'esclaffa, passant des larmes au rire à la vitesse de l'éclair.

Elle m'a vraiment manqué, cette folle !

— Tout est parfait, finit-elle par répondre.

— Tu ne vas pas t'en sortir avec si peu de détails !

— Il s'adapte bien parmi les Aspirants, mais je sens que la ville lui manque. Et tous ses gadgets technologiques ! Il retourne une fois par semaine à Rennes, pour vérifier si son frère ne l'a pas contacté. Il l'a prévenu par email qu'il n'était joignable que le vendredi. Mais je sais qu'il n'y retourne pas uniquement pour ça... Il en profite pour faire le plein d'ondes et de pollution !

— Ça se comprend, ça doit être difficile de changer de vie comme il l'a fait...

— Oui, c'est sûr. Il me dit qu'il a l'impression d'avoir voyagé dans le temps !

— Laisse-lui du temps. Et toi, comment tu te sens ?

Fauve soupira.

— J'ai des sentiments pour lui, tellement que ça me fait peur. Tu sais, quand je l'ai rencontré, j'étais en miettes. Je crois que je ne suis pas encore complètement guérie de ma relation avec Pierre. Fais attention avec lui, OK ? C'est un homme formidable, mais le viol l'a détruit. Sans le vouloir, il peut te faire beaucoup de mal, à toi aussi...

— T'inquiète, j'ai la tête dure, Fav' ! Et toi aussi, sinon tu ne serais pas ma copine ! Allez, on y retourne, les garçons doivent s'ennuyer sans nous !

Les deux Sensis rejoignirent la fête, bras dessus, bras dessous, le cœur plein d'amour et d'espoir pour le futur.

FIN

Biographie

Celia Rig est l'auteure de *Sensitifs*, roman de science-fiction qui mêle aventure et romance.

Ses origines bretonnes expliquent peut-être en partie son goût immodéré pour l'imaginaire : science-fiction, fantastique, fantasy sont ses genres de prédilection.

Mère de famille, artiste dans l'âme, Celia Rig confesse une passion pour le dessin et le chocolat (à l'instar de l'héroïne de *Sensitifs*).

Elle voue également un culte à ses auteurs favoris, Robert C. Wilson, Anne Rice, Ursula Le Guin, Philip K. Dick, Georgia Caldera, et bien d'autres encore !

Mentions légales

ISBN : 979-10-348-1159-5
ISSN : 2553-1379

Evidence Editions
Z.A.I Bel Air
17230 Andilly

Site Internet : www.evidence-editions.com
Boutique : www.evidence-boutique.com

Dépôt légal avril 2019

Imprimé sur papier **Clairefontaine** fabriqué dans les Vosges.

Achevé d'imprimer par C.L.I.P

9791034811595